謹以此書獻給父母親

巧繪剞工

丁雲鵬徽派版畫略考

陳怡蓉 著

藝 術 叢 刊

文史哲出版社印行

國家圖書館出版品預行編目資料

巧繪剞工：丁雲鵬徽派版畫略考 / 陳怡蓉著. -- 初
　版. -- 臺北市：文史哲, 民92
　　面； 公分. - - (藝術叢刊 ;16)
　　參考書目：面
　　ISBN 957-549-522-5 (平裝)

　1.（明）丁雲鵬-傳記 2.（明）丁雲鵬-作品評
論 3.版畫-作品評論

937　　　　　　　　　　　　　　　92013605

藝　術　叢　刊

巧繪剞工：丁雲鵬徽派版畫略考

著　　者：陳　　　怡　　　蓉
出 版 者：文 史 哲 出 版 社
　　　　http://www.lapen.com.tw
登記證字號：行政院新聞局版臺業字五三三七號
發 行 人：彭　　　正　　　雄
發 行 所：文 史 哲 出 版 社
印 刷 者：文 史 哲 出 版 社
　　　臺北市羅斯福路一段七十二巷四號
　　　郵政劃撥帳號：一六一八〇一七五
　　　電話 886-2-23511028・傳真 886-2-23965656

實價新臺幣二二〇元

中 華 民 國 九 十 二 年 (2003) 九 月 初 版

序

　　這是一本有系統探究丁雲鵬與明朝徽派版畫專著，作者在學期間專攻古籍版本學，在史料查證方面相當嚴謹，因此在其中論述可以看出作者心思細膩之處。對於明末傑出的白描畫家丁雲鵬從事版本藝術的史料發掘，有重大的突破發現，並開發出一些值得後人繼續發掘研究的新課題，是本書成功的一面。

　　怡蓉擔任國立台灣藝術教育館研究推廣組編輯多年，主編美育雙月刊，向以細心致力於文編美編見長，常令人耳目一新。多年同事，深知她文思敏銳，腦筋清晰，頗有自覺的能力，可以多用些時間在藝術相關的學術研究上著力，將會有很好的成績。謹此預祝怡蓉百尺竿頭，更進一步，從而在藝術文化學術的課題上多著墨些東西，相信能為這缺乏人文藝術素養的時空裡憑添一些迷人的記憶。欣逢出書在即，遵囑為序。

　　　　　　　　癸未夏雨大作　**熊宜中**於大崙山華梵美術系

自 序

字裡行間連綿而無聲，穿越音符似的逗點至末尾的句點，復又開始另一里程，直逼心靈的人文視野。

在國家圖書館善本室與古籍為伍，大片落地窗所映現的是浩翰書海中渺小的身影，而調借微膠片尋找論證資料，史部諸書縮影在眼前恍若朝代流轉。負笈美國後，旋即融入後現代情境，盡情吸收思維精華，藉茲提煉自我。如今，深潛編輯工作十年，於作者們赤裸的文采間，與繆斯之神心領神會，學習歷程終而復始。

為讓歷年研習明朝版本之心得，能有所沈澱反芻，不惜獻曝付梓，承蒙淡江大學中文系吳哲夫教授擔任本研究的指導，台灣大學藝術研究所石守謙教授、故宮博物院林柏亭副院長的學術審核，書畫學者熊宜中教授的誠摯勉勵，以及文史哲出版社發行人彭正雄先生的專業與包容，歷經多年史料蒐證及反覆修訂始完成。星之昭昭，不如月之曖曖，願敝作敛澤無華，然足以映證所學。

飛翔字行間，歷史風華盡收眼簾。

陳怡蓉　謹誌
二○○三年八月

巧繪剞工 ── 丁雲鵬徽派版畫略考

序……………………………………………………………… 1

自序…………………………………………………………… 2

第一章　緒論…………………………………………………… 1

第一節　明代版畫發展狀況………………………………… 1

第二節　畫家參與版製之背景……………………………… 7

一、促使畫家參與版製之因素

二、畫家在版製上之角色

第三節　參與版製對畫家本身的價值……………………… 10

第二章　丁雲鵬生平考證…………………………………… 13

第一節　家世背景…………………………………………… 13

第二節　師友………………………………………………… 15

第三節　參與徽派版畫之地緣關係………………………… 19

第三章　徽派版畫析論……………………………………… 25

第一節　徽派版畫的形成與定義…………………………… 25

第二節　製墨業對徽派版畫之貢獻………………………… 27

一、墨模刻工

二、墨商、墨譜

第四章　丁雲鵬徽派作品之分析…………………………… 37

第一節　參與繪稿之版本介紹……………………………… 37

一、插圖版式

二、插圖內容

第二節 版畫作品風格之討論 ⋯⋯⋯⋯⋯⋯⋯ 44

一、人物故事版畫插圖

二、山水版畫插圖

三、其他插圖

第三節 丁雲鵬版畫創作觀之分析 ⋯⋯⋯⋯⋯ 58

一、構圖形式

二、人物造型

三、山水裝飾特性

第五章 丁雲鵬版繪與水墨特性之比較 ⋯⋯⋯⋯ 77

第一節 版畫繪稿之基礎─白描 ⋯⋯⋯⋯⋯⋯ 77

第二節 版畫插圖之鈐印特色 ⋯⋯⋯⋯⋯⋯ 82

第三節 版畫與繪畫風格之比較 ⋯⋯⋯⋯⋯⋯ 88

第六章 結論 ⋯⋯⋯⋯⋯⋯⋯⋯⋯⋯⋯⋯⋯⋯ 97

參考書目 ⋯⋯⋯⋯⋯⋯⋯⋯⋯⋯⋯⋯⋯⋯⋯ 100

圖 版 ⋯⋯⋯⋯⋯⋯⋯⋯⋯⋯⋯⋯⋯⋯⋯ 107

第一章　緒論

第一節　明代版畫發展狀況

今日傳世的古代版畫遺跡，以唐咸通九年（西元八六八年）印本金剛經插圖爲最早，以其成熟技巧，推知唐代雕版印刷術發明使用之後，版畫已有相當基礎。再歷經五代、兩宋、元朝等長期不斷推新，至明代愈臻完美。無論在題材、技巧等方面，明代版畫處處表現承先啓後，並提升了版畫藝術的水平，故此一時代被推爲中國版畫史上的黃金時代，其中又以萬曆時期爲其顛峰。

明代版畫之所以興盛，實受到當時政治、商業、經濟等外在因素的影響，特別是手工業者社會地位的轉變，對提升版畫地位，更具左右力量。早在元朝時，官府對民間手工業實施有計畫性的管理，建立了「匠戶」的制度，並設有「永利庫」、「梵像局」、「製定局」等，皆是與雕版印刷有關的官設組織，直至明朝，由於資本主義的興起以及「以銀代役」方式的設立，包括版畫在內的民間手工業，因而享有更廣的自由空間。

明會典：「凡班匠徵銀。成化二十一年奏准。輪班工匠。有願出銀價者。每名每月。南匠出銀九錢。免赴京。所司類賚勘合赴部批工。北匠出銀六錢。到部隨即批放」①，

此以銀代役方式，大大改善元朝「匠戶」之遺緒。嘉靖四十一年春季，又進一步將班匠「通行徵價類解」、「將各司府人匠總數查出，某州縣額設若干名，以舊規四年一班，每班徵銀一兩八錢，分為四年，每名每年徵銀四錢五分」②，其徵銀範圍，含蓋了版畫精華區中的浙江匠、蘇州匠、徽州匠等，對當地手工業給予激勵，及突破性的改善。又「嘉靖十年奏准。差工部堂上官。及科道官。司禮監官。各一員。會同各監局掌印官。清查軍民匠役……存留一萬二千二百五十五名。著為定額」③，單在司禮監之下，其範圍便含括牋紙匠、刷印匠、黑墨匠、筆匠……等，項目包羅萬象，此一現象，與民間已蓬勃之手工業結合，成為推動明代經濟繁榮的一股主力。

　　手工業的自由發展過程，是影響雕版業不可忽視的條件，並顯示社會分工，生產力增高的現象。此外，尚有另一大因素，便是明代文化的活潑與開放，文章詩詞、雜劇小說百花綻放，促使書籍需求量增加，與雕版業的發達，因而也開拓了版畫廣闊的創作空間。

　　嘉靖之前明初版畫，承接元代遺緒，具濃厚區域色彩，在數量與品質均簡略而不精美，唯佛道雕版作品可作為當時的代表，從佛道藏書籍、卷軸中得二百多件的明初單刊本的佛、道經作品，提供不少明初版畫資料。

　　鄭振鐸編《中國版畫集》中，網羅蒐集洪武至正德年間的作品，共計二十六種。這些作品在刀法風格方面，有其兩種相異路線，試分述如下：一、落刀不勻稱，整圖粗糙模拙，如洪武年間刻〈天竺靈籤〉插圖（圖版 1），洪武年間

（一三九五年）刻本〈考古圖〉（圖版2），洪武年間（一三九五年）刻本〈全相二十四孝詩選〉插圖（圖版3），均保有刀刻原味，其因肇於以刀代筆或者僅爲附屬插圖，不求品質。二、刀法工細華麗，忠實描繪形體，如永樂元年間（一四〇三年）刻本〈佛說摩利支天經〉插圖（圖版4），永樂年間（一四二〇年）刻本〈天妃經〉插圖（圖版5），永樂年間（一四二〇年）刻本〈諸佛菩薩尊者神僧名經〉插圖（圖版6）等，刻法均繁瑣精緻，尤其在佛經中人物衣紋上，線條流暢，不落俗套。由作品描刻中，可窺探出洪武與永樂時期之間，有其明顯的分冀。

　　是什麼因素導致永樂以後，發展出不同前期的富麗精工作風呢？潘元石針對此，提出「版畫藝術的創作，須要建立在安定的社會以及優厚的經濟等條件上，纔有發展的可能」④，基於此種因素，故永樂版畫充分表達了大時代雍容風範，可惜的是不曾留下畫家、刻工之名。此外，整個明初版畫大多仍保留建安式插圖，即上圖下文，並以陽刻爲傳統模式。

　　嘉靖年間，正值明朝政治日漸下坡之始，其時畫壇背景日益衰微之運，院體派漸滅無餘，文人畫主流的吳派，陷入臨摹窠臼，整局不振，卻唯有版畫藝術，另闢了途徑，凌駕繪畫之上。前文提及永樂之後，已使版畫漸放異彩，而嘉靖畫壇衰頹之餘，另造就版畫之身價，此實足以耐人尋味的課題。吾人則認爲肇因於商業需求，藝術愛好從純粹欣賞之士大夫階級，轉爲版畫應用方面，深入民間，附屬於文化各階層，故不受時代背景的影響，且與封建社會中的院畫、士大

夫文人畫呈消長現象。

以下就明初至萬曆之間轉變之型態，分別論述之：

一、版畫重鎮之新興

除淵源流長的南北二京、杭州、建安、四川等諸地外，所出現的幾處新興版刻中心，大有取代舊日之勢，明謝肇淛：「宋時刻本，以杭州為上，蜀本次之，福建最下，今杭刻不足稱矣。金陵新安吳興三地，剞劂之精者，不下宋板」⑤，胡應麟：「近湖刻歙刻驟精，遂與蘇常爭價。蜀本行世甚寡，閩本最下」⑥，上舉兩例，探知地方刊刻中心，隨時代變遷而崛起衰落，陸深云「今杭絕無刻；國初蜀尚有板，差勝建刻；今建益下，去永樂，宣德亦不遠矣；唯蘇州工匠稍追古作」⑦，金陵、徽州、蘇州之地方版刻構成主流，其版畫藝術冠蓋群倫，使得曾叱咤一時的浙版、建安版等，相形見絀，萬曆年間北京雕版作品反趨沈寂，其間變異不少。

二、插圖版式多元化

插圖版式，一改明初承襲上圖下文之形式，將畫面擴至整頁甚而雙面滿版，擴展讀者之視野。在此以前，書籍單頁滿版極少見，如元至順元年（一三三○年）刻本〈飲膳正要〉（圖版 7），元至元六年（一三四○年）鄭氏積城堂刻本〈纂圖增新群書類要事林廣記〉（圖版 8）等。此種插圖版式於建安版大量使用，尚是新的突破，如萬曆元年（一五七三年）喬山堂刻本劉龍田刻〈古文大全〉（圖版 9），便做單頁滿版的處理，此乃仿金陵版式，別開新面，而後萬歷間（約

一五七五年）刻本〈重刻元本題評音釋西廂記〉（圖版 10），
相承此種獨立面貌，並在上方標示圖名，聯句安排於左右兩
邊，金陵版式遂反過來襲用此一特點，已顯示派別不固步自
封、從善如流的態度。

　　雙頁滿版的插圖，也大為流行，此種賞心悅目的大手
筆，可見於萬曆間（約一五九五年）唐氏富春堂刻本〈新鐫
增補全相評林古今列女傳〉（圖版 11）、萬曆二十五（一五
九七年）堯山堂刻本〈山海經釋文〉（圖版 12）及萬曆二十
五年（一五九七年）玩虎軒刻本〈元本出相琵琶記〉（圖版
13）等。基於競爭心理，各版派互相截長補短，在文字外，
提供了良好視覺享受。

　　此外尚有視內容需要，予以配合，如程氏墨苑、方氏墨
譜，便以墨範形為主，而衍生出圓形、八角形、正方形、長
方形等不同插圖格式變化。與早期呆板的方形版式，不可同
日而語。

三、題材應用範疇增廣

　　各種實用性書籍附有版畫插圖，蔚成風氣，不再是唐宋
元等時期，以宗教雕版畫為主，也非僅文學戲曲插圖具可看
性。與凡可輔佐版畫說明的書籍，皆起而應用之。

　　記述地方疆域、風俗的志書，在此時期附插圖的風氣甚
普遍，如弘治元年（一四八八年）刻本〈吳江志〉（圖版
14）、〈石湖志〉（圖版 15）等。而深入民間生活的實用書
籍，舉凡武術、醫藥、飲膳、器物等，乃至於各種畫譜、墨
譜等的附圖也多得不勝枚舉，蓋屬說明性質，用以補文字之

不足。尤其與藝術息息相關，提供學畫範本的畫譜，如萬曆四十六年（一六一八年）刊本〈雪齋竹譜〉、萬曆清繪齋刊本〈唐解元倣古今畫譜〉等，本身藝術價值與學畫藍本，相輔成效，將版畫功能，發揮淋漓極致。

四、製作技法之突破

明天啓年間（一六二六年）蘿軒吳氏刊彩色套印本〈蘿軒變古箋譜〉，是傳世最早利用拱花法者，此法是將凸版的木塊置於紙下，用木椎敲打，使之成浮雕。又安徽歙縣程君房〈程氏墨苑〉彩印本，爲版畫使用彩印最早者，由此可知萬曆年間版畫技法已有長足進步。具劃時代性革命，首推以「餖版」套印法刊印的〈十竹齋書畫譜〉與以「拱花」法壓印的〈十竹齋箋譜〉，兩者爲徽州休寧人胡正言所編製。所謂「餖版」，乃依據畫稿分刻幾塊版，再分印成多色，其間有深淺變化，「拱花」者，多用於行雲、流水、翎毛、莖脈等等。據〈十竹齋書畫譜〉中程勝題竹圖：「己未秋目錄於草庵海陽程勝」，已未值萬曆年間，可知此時已有改良思想之萌芽，技法別出新裁，讀者由此得到凹凸繽紛的視覺趣味。

方聞先生並指出〈十竹齋箋譜〉：「爲了加強視覺效果，設計者把木刻藝術有限功能極力發揮：在平面上經營出簡潔而有力的輪廓與外形，然後利用各種虛實、黑白的對比，表現出色調上的效果，是八大早期所使用的基本原理。」八大山人繪畫靈感「不得自前代的名畫，而是受了一項來自民間的版畫藝術的影響」⑧。版畫深入民間，影響繪

畫創作，此爲一例，也遠及影響日本「浮世繪」的開創。

　　至明末，各派風格相互交流，趨向富麗細緻的道路，將「古典式」烘托得更凸顯。版畫創作思想有關世運之隆替，故在明末政治衰頹、綱紀不振之下毫無創新可言，唯陳洪綬所繪〈九歌圖〉、〈水滸葉子〉等獨當一面，含有諷刺意味，反映了社會心態。

第二節　畫家參與版製之背景

一、促使畫家參與版製之因素

　　畫家與版製相合，對兩者而言，有利而無弊，且更增其光輝。明朝之前，負責版畫繪稿、雕版職位，多同爲一人，純爲「繪刻工」性質，與畫家很少牽扯到關係。北宋嘉祐八年刻本〈列女傳〉，建安余氏靖庵刊，標有「晉大司馬參軍顧愷之圖」，是傳世最早利用名畫家作品版製之事例⑨。

　　中國繪畫在明朝前即有很高的成就，名家輩出，但以士大夫及文人墨客身份居多，故特輕視匠人觀念，並不屑與之同流。宋人韓拙云：「以畫爲業，以利爲圖，仕乏九流之風，不脩士大夫之體，豈不爲自輕其術哉！」⑩，暗喻繪畫商品化之趨勢，有辱藝術之高尚，又元朝吳鎮評繪畫須「去工匠氣」，纔可「超凡入聖」⑪，宋人鄧椿載道：「吳道子筆豪放，不限長壁大軸，出奇無窮。伯時痛自裁損，只於澄心紙上，運奇布巧，未見其大手筆，非不能也，蓋實矯之，恐其或近衆工之事」⑫，此種士大夫階級意識普遍存在，與

技工同處有辱繪畫雅流。宋李成曾言：「我業儒者，粗識去就，性愛山水，弄筆自適可，豈能奔走豪士之門與技工同處哉！」⑬，由以上前人畫論中，流露出畫家以清高自居的處世觀念，使得具有報酬利益的版畫繪工，淪於與勞動匠役爲列，明朝之前，繪刻者多不具名，也罕見畫家投入版製，此爲以上心態所作祟。

　　利用畫家名蹟，鐫刻成版，用以鑑善勸惡，是打破傳統的原則，啓示參與版製的途徑，王闢之有載：「皇祐中，仁宗命待詔高克明輩畫三朝聖跡一百事，人物纔寸餘，宮殿、山川、車駕、儀衛咸具，詔學士李淑等撰次，序贊爲十卷，曰〈三朝訓鑑圖〉，鏤版印貼大臣宗室。」⑭高克明，北宋翰林待詔，名畫家，雖非直接參與版製，亦有可取之處。

　　明朝畫壇崇古主義之盛，種下衰頹不振之因。民間版畫藝術，異軍突起，畫家也此情況之下，一掃過去輕視匠人的態度，熱心參與版製，藝術遂深入各階層，廣泛推展。分析此思想轉變之因素，約可得以下結論：

㈠明代資本主義萌芽，匠役者地位改善，一改封建制度下的迂腐守舊觀念，使版製事業爲許多畫家所樂意參與。

㈡書坊刻印事業本身苦心經營，品質聲譽的提高，出版業者對網羅畫家投入行列不遺餘力，建立完善的合作關係，正是基於利已推銷之心理，以期打開知名度。

㈢分工制度的提倡，「畫管畫，刻管刻，印管印」是各有專攻的反映，繪圖部分需有良好繪圖根基，方能勝任，透過與刻工合作溝通，畫家是擔任繪圖部分重樑之最佳人選。

　　明代各種有利的條件、背景，匯成一股不可忽視的力

量，推動版畫藝術，並成爲畫家表現才能的場所，在民間起了潛移默化的作用。故各方面促使畫家參與版製的客觀因素，值得探究並予以稱譽。

二、畫家在版製上之角色

版製過程中，畫家所擔任的工作性質，離不開繪稿。在整幅版畫裡，構圖、技巧、表達方式均出繪稿者手中，故畫家是版畫的靈魂人物。

根據明代版畫作品中，畫家所擔任角色，大致分三類：

㈠負責編撰：此類以書畫譜居多。程大憲，萬曆時畫竹名家，兼擅詩書，尤工篆刻⑮，萬曆三十六年（一六○八年）著《雪齋竹譜》，內繪畫竹之法，於四十六年刊行。胡正言，明武英殿中書舍人，善畫山水、人物，尤擅花卉、墨梅，善製墨，並印箋紙⑯。崇禎十七年（一六四四年）輯《十竹齋箋譜》，近人魯迅、鄭振鐸均謂此譜能反映明末士大夫「清玩」文化之最高成就，天啓七年（一六一七年）又輯十竹齋書畫譜。以上說明畫家將本身畫法編撰成譜類，後人爲了廣布流行，常予以雕版，裨使流傳人間，成爲習畫的範本。

㈡參與繪稿：此乃畫家擅長部分，故爲數眾多，據從萬曆到崇禎間作品統計，參與畫家計有丁雲鵬（南羽）、吳廷羽（左千）、蔡汝佐（沖寰）、鄭重（千里）、趙左（文度）、顧炳（黯然）、汪耕（于田）、仇英（實甫）、顧正誼（仲方）、陸武清、趙之璧、錢穀（子璧）、黃應澄、陳詢、兪仲康、陸璽、陸善、陸哲、魏先、陳洪綬

（章侯）、錢貢（禹方）等，其中不乏高知名度，在畫壇舉足輕重的名家，足以說明當時參與之盛況。

㈢同時參與繪稿與雕刻兩部分：能繪能刻之畫家不多見，建安刻工劉素明，亦精小說插圖。其〈陳眉公先生批評丹桂記〉，前後圖中刊有「素明筆」，〈玉簪記〉中刊「劉素明錄」、「劉素明圖書」印章，此種繪刻者同一人，省去畫家與刻工間溝通之不便，並使作品更符合創作者的要求。王伯敏言：「最理想的是，根本消除繪刻兩者的分工」⑰，針對分工的利弊，提出減少繪刻兩者差異的辦法，並可促版畫走向獨立創作的路線。於此之外，畫家大多兼擅冶印，有其操刀根基，亦適雕刻部分工作，此刻工更能表現其獨特的個性。

版製上，畫家所扮演各種角色，皆能使版畫內容描刻神龍活現，此乃畫家本身具備審美觀之故。

第三節　版畫繪稿對畫家本身的價值

畫家參與版製所產生的影響，一般人們只注意到對版製水準的正面評價，包括抬高版畫知名度、以版畫插圖補文字不足、藝術大眾化等，很少衡量參與版製活動對畫家本身究竟有何功用，尤其是保存畫蹟方面。此外，版繪對本身繪畫風格有某些程度的影響。

萬曆三十一年刻本顧氏畫譜全玄洲序中提出「畫之傳及上溯奏潢，非假臨摹鐫楊，豈誠盡見古人手澤哉，今天下恣求書於刻，而獨繩書以真，是必有神物呵護，以堅畫之質，

而超於金石之上，然後可以煥發舊觀，而罔憾度不易得，莫若書器之刻而廣」，是故書畫經歷時代之滄桑，多少會有磨損散佚之憾事，致失原貌，若將之付印，藉大量流傳，或可妥保畫蹟之不墜矣。畫家與版繪發生連繫關係，有兩種途徑：一、畫家本人親自參與繪稿；二、後人將畫家名作鐫刻成版。雖是透過刻工處理間接再現，仍可窺其作品精神。

·北平榮寶齋⑱，以木版水印技藝著稱，民國二十二年（一九三三年）鄭振鐸編〈北平箋譜〉重刻〈十竹齋箋譜〉，便是委託榮寶齋複印，又唐宋以至明清數代畫家作品數以千計，皆經榮寶齋翻刻，由於木版水印所使用的紙絹、顏料等，與畫家創作材料完全相同，又吸其繪畫技法，故達到幾可亂眞的地步。故保存畫蹟亦爲畫家版繪最大的功用價值，亦提供學畫範本，人人得以學習之。

附 註

① 明李東陽等奉敕撰，大明會典影印本（台北市，東南書報社，民國五十二年），卷一八九，頁五。

② 同前註，卷一八九，頁十。

③ 同前註，卷一八九，頁十一。

④ 潘元石，中國版畫史〈十三〉，藝術家第六十四期。

⑤ 明謝肇淛，五雜組（明萬曆間刊本），卷之十三，事部一，頁二十一。

⑥ 明胡應麟，少室山房筆叢（明萬曆間刊本），筆叢甲部，經籍會通四，頁十。

⑦　明陸深，金台紀聞。轉引自明沈節甫編，紀錄彙編（明萬曆陳于廷刊本），卷一百三十二，頁八。

⑧　方聞，八大山人生平與藝術之分期研究，頁十三。

⑨　鄭振鐸，中國古代木刻畫選集（天津，人民美術出版社，一九五六年），第九冊，頁十一，註釋云：「宋版列女傳實出建安的木刻畫家之手，甚爲精美，乾、嘉時，蘇州藏書家黃丕烈尚及見之，今不知何往。」

⑩　宋韓拙，山水純全集，〈論古今學者〉篇。轉引自中國畫論類編（台北市，華正書局，民國七十三年，三月），頁六七七。

⑪　顧俊，中國繪畫美學史稿（台北市，木鐸出版社，民國七十五年六月），第二章重要繪畫美學思想，頁二○五。

⑫　宋鄧椿，畫繼雜說，〈論遠篇〉。轉引自中國畫論類編，頁七十五。

⑬　宋劉道醇，聖朝名畫評。轉引自中國畫論類編，頁四○八。

⑭　宋王闢之，澠水燕談錄，卷第七，書畫，頁十。

⑮　中國美術家人名辭典（台北市，文史哲出版社，民國七十年七月），頁一○九二。

⑯　同前註，頁六一九。

⑰　王伯敏，中國版畫史（台北市，蘭亭書店，民國七十五年九月），頁八十三。

⑱　榮寶齋前身爲「松竹齋」，清光緒二十年（一八九四年）始名榮寶齋，位於北平琉璃廠西街。關於榮寶齋之詳細記載，可見於王宗光，舉世無雙的木版水印，藝術家第二十六卷第三期，頁一四八。

第二章 丁雲鵬生平考證

第一節 家世背景

丁雲鵬爲明朝著名道釋畫家，對版製工作不遺餘力，一生從事藝術活動，源自於所處身家背景的影響。故在探討丁氏藝術啓蒙與思想之中，首重對其家世，生平之認識，丁雲鵬至交汪道昆所著「太函集」中，爲丁父瓚立傳①，馮夢梅於其著「快雪堂集」中，爲丁母汪碩人立傳②，兩者均是後人掌握丁雲鵬性格、學養淵源的重要資料，蓋丁雲鵬得自家庭薰染陶冶，方奠定了日後藝術成就的根基。

據丁雲鵬所繪羅漢圖，董其昌跋曰：「丁丑戊寅南羽山人寓吾松之馬耆禪院，時年三十。」③，由此推斷丁雲鵬生於嘉靖丁未年（一五四七）左右，卒年不詳。丁雲鵬，字南羽，號聖華居士，休寧（今安徽休寧）人。世代業小兒醫，其父丁瓚字點白，亦善繪畫，五歲時失怙，由當醫門祭酒的丁繩叔撫養。繩無子，遂分貲產於姪子強、昌及瓚，唯瓚拒受，此可看出瓚個性之直毅。瓚又喜交遊並嗜酒飲，其醫術得自繩傾授，甚爲高明，常「日飲而醉，二參即乘醉視病立方，醒而覆視，無所失」④，故所居海陽一帶，皆視瓚爲神仙，瓚遂自號曰「海僊」，此爲「丁海僊」之由來。「海僊之術奇矣，省括而發，不失其正，其行亦奇，不必適人之

適，而自適其適。詢之月旦評者何居，命之醫則良，命之俠則節，命之僊則有委蛻，其天之放民也。」⑤，說明雲鵬父瓚特立獨行的行徑。

瓚有蒐搜古物的嗜好，凡鼎彝、窯器、法書、名畫，必倍價購之，行醫時曾在五城黃洲家、吳田家，收官窯瓶、白石以代金，其嗜僻可見一斑。尤其是古畫，嘗收過屬昭慶絹寫居士一幅⑥、李右娟寫說法和尚一幅等⑦，皆重人物畫，提供南羽難得的摹繪範本，對父瓚藏書印象之累積，是日後獻身藝術思想之萌芽。

南羽之母孝淑汪碩人，系出休邑北鄉下坑之汪家，自始髫即負起持家責任，曾「躬詣田所，聚族畫界而反」⑧，其膽識過人，不讓鬚眉。父汪翁膝下無子，委汪碩人於丁瓚，勤儉持家，瓚為廣其嗣，故又進偏房朱、童二人，並得六子。即長子雲鸑、季子雲龍、次子雲鵬、叔子雲鶴、二少子雲騏、雲驥，其中為江碩人所出有三子，其餘均是南羽同父異母之兄弟⑨，又另姐妹四人，唯獨雲鵬精工繪事。

汪碩人性情慈淑寬厚，有「關雎樛木之德」，雲鵬繼承其父瓚的行徑，居貧好客，汪碩人反爨炊不倦，視雲鵬「而能似而父，是能悅我。」⑩，雲鵬將遠赴客居閩中，準備卮酒為母親祝壽，汪碩人遂道「汝硯田足自給，垂老遠遊非久計，又知其不可，奪勉為忍籍無久客」「曩時仇家某某，以機中而父，而父置勿報，今其子孫替業不可，名舉而識之省之」⑪，言辭中表露汪碩人對雲鵬所持的教育態度，及母慈子孝之親情。直至雲鵬在閩二月，汪碩人無疾而逝，享壽八十七。真實居士譽汪碩人「即古之孝友」，稱丁瓚「有內助

之勤」⑫，對汪碩人恪守婦德，推崇極至。

受父瓚酷好藝術與母汪碩人孝悌節義之家風濡染，以及所處時代、地緣關係，互相配合，乃是塑造雲鵬的客觀條件，並造就雲鵬從事藝術所持態度。董其昌容台集曾稱雲鵬「布悉私交，式取不訾。以諾以輸君則衷之。好義生風，緩悉詭辭。去冠則如箕，飲不盡巵。人謫其局，爾固吾圍。和同禦寇，百難斯舉。人癖於錢，爾癖於書。孝友家摹，萬石之餘。遺範如存，芳聞未謝，蓋生而為德於鄉，沒而可祭於社。」⑬又汪道昆太函集譽雲鵬「魏然如出，曠然如谷；泊然如孩，溫然如玉。萬象生身，千秋貯腹；詩賦圖書，金石縑竹」⑭，所言均不虛假。

又李維禎大泌山房集云雲鵬「清妙高跱，而濡不能容，脫近時山人才人結習。所謂名勝欲故偶影之操堅，窮自達故凌霄之節勵，宜其具有右丞二美矣」，蓋因董其昌以摩詰「詩中有畫，畫中有詩」喻雲鵬，故有感而發⑮，明詩人小傳稿亦收錄雲鵬作品，得知雲鵬善畫亦善詩。胡賽蘭並言「晚明畫壇、人物呈衰微之際，南羽善於畫佛，故詩名為畫所掩。」⑯可見雲鵬畫名超越詩名之上。

第二節　師　　友

雲鵬一生藝術風格，於師承及啟蒙教育占不輕的份量外，當時社會思潮與其交遊所往來者，均予雲鵬創作的靈感以及影響，進而形成雲鵬本身特殊的美學觀。故關於雲鵬的師承交遊的了解，是研究雲鵬繪畫風格不可缺少的一環。因

南羽本身唯一著作「南羽詩集」失傳，故本文從其繪畫題跋、交往友人的詩文集、書畫著錄等，尋出蛛絲馬跡，作爲輔證。

雲鵬師承，見於詹景鳳東圖玄覽編：「元人從子龍雙幅絹寫雪天運糧圖，法郭熙……雄俊稜稜逼人，其上面生，則大披麻皴，舊爲吾門人丁南羽家物，後歸葉氏。」[17]詹景鳳，字東圖，休寧人，隆慶丁卯舉人，初爲南豐掌教，終司部司務，徽州府志載詹景鳳「人稱其癖如倪元禛，傅如桑民懌，書如祝希哲，畫如文徵仲」[18]，雲鵬爲景鳳之門下，間接承繼文徵仲風格，多表現早期作品上。

董其昌於容台集撰丁南羽像贊[19]，雲鵬作品中常可見董其昌跋跡，茲引述於後：

羅漢圖卷：書「應眞變相」四字，並跋云「丁丑戊寅南羽山人。寓吾松之馬耆禪院。時年三十。畫道初入妙品。所謂人巧極。天工錯。此卷當作於此時。及再游吳中。指腕稍遜。無復精能如此手筆。謂之畫中有禪可矣。董其昌題。」[20]

觀自在菩薩像軸：書心經幷跋「觀音大自在神通……。便是衆生無量功德。天啓四年夏五月。華亭董其昌沐手敬書幷跋。」[21]

五像觀音：書「丁南羽寫此圖時。在吾松爲顧光祿正心所館。年三十餘。故極工妙。自後不復能事。多老漫應。如杜陵入蜀以後詩矣。」[22]

白描羅漢册：跋「丁南羽畫羅漢爲毫生。而世之傲南羽者。亦相踵相接。可謂生生不已矣……」[23]

　　容台集：載「此羅漢婁水王弇山先生所藏，乃吾友丁南羽游雲間時筆，當爲丙子丁丑年……觀此卷者，當意求之。」「南羽在余齋中寫大阿羅漢，余因贈印章曰毫生館。」㉔因白描羅漢圖之故，獲贈董其昌之印，並爲其密切之至交。

　　陳繼儒曾多次爲雲鵬作品題跋，亦與之往來，與董其昌同時同郡，皆爲華亭人，善山水，互以相頡頏，世以董陳並稱。

　　以上所提及與雲鵬有至深交誼的人物，大多屬吳派。沈周、文徵明、董其昌、陳繼儒並列吳派四大家㉕，爲明代中、晚期臨摹潮流之中堅。雲鵬直接、間接與前三人接觸頻繁，然除早期作品尙在臨古階段外，完全超脫任何派別影子，朝變形發展。蓋因一方面廣吸營養，一方面不泥古法，除保留道釋畫工整技法外，又著重要求表現審美的理想。

　　汪道昆亦與雲鵬爲至交，於太函集載雲鵬生活事蹟，及爲雲鵬作序之文甚多，試錄其目如後：

佛母圖小序㉖

萬玉山房卷引㉗

題高禖圖小序㉘

結綠硯銘有序㉙

山河帶礪銘有序㉚

五督府㉛

密藏上人㉜

龍君御㉝

程子虛㉞

　　吳門遇丁南羽西歸壽母五月則七十辰南羽始學禪故有末句㉟

　　題丁南羽畫送瞿睿父歸楚㊱

　　送丁畫師南羽東遊雲間之廣陵四首㊲

　　據書畫鑑影所載，亦收藏南羽墨蹟㊳

　　汪道昆，字伯玉，號南明，歙縣人，與世貞號稱兩司馬，與製墨名家方于魯聯姻㊴，並招之入豐干社，雲鵬亦參與方于魯製版工作，此連環關係甚密。

　　太函集程子虛篇：「丁南羽作圖，必得數緡爲之取酒，足下屢空，倚辦爲難，孤能爲南羽一薦之有力者，間慮無速效，恐彼視爲西江之水耳，足下何以籌之，印版屬一家，豎今在海陽，足下試遣人就近召之。」㊵，此爲雲鵬參與版繪之重要線索，汪道貫爲豐干詩社盟主，會盟七人，包括程子虛在內，並曾爲程子虛立傳，又根據汪道貫與方于魯姻親、詩友關係，故雲鵬可能經由汪道貫與程子虛之助，得以爲方于魯墨譜繪稿。

　　丁雲鵬門下弟子吳廷羽，爲吳一桂之姪子，字左千，與雲鵬同郡，從雲鵬學寫佛像，已速肖之，有出藍之想㊶。俞安期在其吳左千畫佛歌譽左千「吳郎善畫，能畫佛，僧繇、道子與髣髴神化，稍讓顧長康，其師丁生堪比」、「如來眞國朝畫佛有數子，丁吳兩人稱絕技」㊷，雲鵬以道釋見長，其弟子得自雲鵬眞傳，師生關係深厚。

　　此兩師生一同參與版製繪圖工作，計有〈泊如齋重修宣和博古圖錄〉、〈泊如齋重修考古圖〉、〈方氏墨譜〉⋯⋯等，又一同投效製墨名家方于魯旗下，完成方氏墨譜之作。兩人風格近似，對版繪格調統一，建立對象內容的表現形

式，有著很好的默契。

　　根據上述師友經過，對丁雲鵬本人，或已可深入瞭解。

第三節　參與徽派版畫之地緣關係

　　丁雲鵬之所以參與版繪活動，必定與本身所處的地理環境與社會生活有著密切的關係。故本節就徽州人文環境做一番認識，探討蔚成當地版畫氣候之各項因素。

　　據歙縣志所載：「田少民稠。商賈居十之七。雖滇黔閩粵。秦燕晉豫貿遷無不至焉。准浙楚漢又其邇焉者矣。沿江區域向有無徽不成鎮之諺。歙為首邑。則歙人之善賈。又其明證也」㊸。徽州地區由於山多田少，故以貨殖為主，予商業活動提供了有利的條件，向朝庭進貢，多為紙墨硯扇等㊹，說明當地生產的物品，以輕便實用為主。

　　徽州手工業發達，長期承繼宋元以來經商傳統，至明代已成徽商鼎盛時期，特別是書商、墨商、鹽商、典商等，操縱了徽州整體社會經濟結構、雇有勞動者，以技術分工為主。在各種天時地利的條件之下，丁雲鵬與帶有商業氣息的版刻事業發生聯繫，徽商居不輕的功勞，在此特就之加以探討之。

　　明代時，在徽州一帶的製紙、其品質精良，如「花邊格之白鹿箋，蠟砑五色箋，松花箋，月白箋，羅紋箋……等」㊺，具有上乘之製紙水準，足以提供版刻極好的物質材料。

　　歙硯亦頗著名，僅次於端硯，材質佳，有龍尾、金星、娥眉、角浪、松文等之美名㊻，研史云「今但曾官歙者，必

收百餘，故工人以爲生，終日成一硯，少有病不直數十金，幸完仍好直五、七千以上無估」[47]，收藏歙硯蔚成潮流，帶動了製硯之嚴謹態度。大函集結綠硯銘有序「佛子田盬。昌谿以繪事中。流得片石。色如綠。周正混成。無庸追琢。浮沉清濁。天地官焉。于時南羽研之。泰茅氏銘之」[48]，雲鵬研製硯，透露出文人雅士研製賞玩的訊息。

製墨賞墨之盛，較諸以上所述各業實有過而無不及，故文人慣習兼冶墨。徽州地區製墨業，其來源甚久。早在南唐時，製墨名家李超子廷珪，自易州南遷，後主嘗用其墨，廷珪父子以歙地多松，故留此造墨，爲徽州製墨注入活力。至明朝，徽州地區墨工激增，據墨志〈系氏第二〉所載，參與製墨多達一百二十七家，其中不乏知名文士畫家[49]，丁雲鵬、吳左千畫家師生，亦含括在內。骨董瑣記〈明墨羅小華第一〉：「茶餘客話云。明人墨以羅小華爲第一。方正郡次之。方于魯又次之。龍忠迪、查文通、蘇眉陽、汪中小、郡青丘、汪仲嘉、丁南羽、潘嘉客、吳名望，皆名重一時。……」[50]。又〈明墨〉提到御用外墨，丁雲鵬父子，名列有榜，因而斷定雲鵬善製墨，並與製墨名家相伯仲。製墨人士甚夥，其流品有三，分別是「文人自怡」、「好事精鑒」、「市齋名士」[51]，雲鵬屬前者，蓋因書畫之需，進而賞墨製墨，甚而與程大約、方于魯二家結下不解之緣。

丁雲鵬既與墨商有密切來往關係，故參與版繪之因緣得力於墨商甚大。徽商社會地位不及經濟實力所能取得認同，故「處者以學，行者以商」。爲抬高身份地位，並愛才心切，鼎力資助具文化涵養的畫家，收購其畫。萬曆年間，人

才輩出，盛極一時，最著名的畫家有詹景鳳、丁雲鵬、鄭重、吳羽等，新安畫派便從此萌芽，此與徽商有關。墨商羅小華兼製墨，與子皆工書畫，收藏古器法書名畫甚富㉝，程大約、方于魯亦廣結文人墨士，以利於本身經營墨坊。從各種跡象顯示丁雲鵬是在於徽商致力於文化濡染的風氣之下，得以爲墨商所網羅，此爲參與版繪之主因。

　　綜之，整個徽州地區所擁造紙、研硯、製墨等技術，已達爐火純青的地步，與民間生活融合爲一體，輔佐了雕版事業必需條件。又資本主義萌芽，工商階級抬頭，墨業、雕版業等彼此競爭，開發市場之所需，引進無數雕工畫家，藉以打出名號。在以上各種地緣、時尚關係中，丁雲鵬順應潮流，於繪畫領域之外，另闢創作天地，卓然有成！

附　註

① 明汪道昆，太函集（明萬曆利本），卷之三十八，丁海僊傳，頁五。

② 明馮夢楨，快雪堂集（明萬曆四十四年金陵刊本），卷之十，丁母孝淑汪碩人傳，頁十三。

③ 石渠寶笈祕殿珠林初編，頁一一九，乾清宮。

④ 同①，頁七。

⑤ 同①，頁九。

⑥ 明詹景鳳，東圖玄覽編，卷三，頁一四四。轉引自美術叢書，五集第一輯。

⑦ 同前註，卷四，頁二二二。

⑧ 同②，卷之十，頁十四。

⑨ 另據丁母孝淑汪碩人傳頁十六載曰：「子六，雲鷁、雲鵬、雲鶴、雲鴻、雲龍、雲騏」。又頁十四：「碩人初舉一女，次舉伯，又次舉仲，即南羽也。而碩人則念翁孤立，欲廣其嗣，為進二朱，舉一男一女已，碩人再舉叔及一女。更進二童，舉一女及二季」。

⑩ 同②，卷之十，頁十五。

⑪ 同②，卷之十，頁十六。

⑫ 同前。

⑬ 明董其昌，容台集（明崇禎庚午華亭董氏家刊本），卷七，頁六十二。

⑭ 同①。

⑮ 明李維楨，大泌山房集（萬曆刊本），卷二十一，丁南羽詩序，頁三十七下。

⑯ 晚明變形主義畫家作品展（台北市，國立故宮博物院，民國六十六年）。

⑰ 同⑥，卷一，頁五十九。

⑱ 安徽通志（清光緒三年重修本），卷二百二十四，人物志，文苑，頁十四。

⑲ 同⑫。

⑳ 同③。

㉑ 石渠寶笈秘殿珠林續編，頁一六六，乾清宮。

㉒ 同前註，頁二六四。

㉓ 明楊恩壽，眼福編初集（坦園叢稿），卷十一，頁二十一。

㉔ 佩文齋書畫譜，卷八十七，頁五十三，明丁雲鵬白描羅漢。

㉕ 俞劍方，中國繪畫史下冊（台北市，台灣商務館，民國七十三年十一月），頁八十。

㉖　同①，卷二十五，頁十八。

㉗　同①，卷二十五，頁二十。

㉘　同①，卷之二十五，頁十九。

㉙　同①，卷之七十八，頁十七。

㉚　同①，卷之七十八，頁二十二。

㉛　同①，卷之一一〇，頁二一三。

㉜　同①，卷之一〇四，頁十九。

㉝　同①，卷之一〇六，頁十五。

㉞　同①，卷之一〇一，頁六。

㉟　同①，卷之一一七，頁二十。

㊱　同①，卷之一二〇，頁二十一。

㊲　同①，卷之一二〇，頁十五。

㊳　清李佐賢，書畫鑑影（藝術賞鑑選珍續輯），卷十四，丁南羽觀音變
相圖冊，頁十四。

㊴　清沈德符，野獲編（扶荔山房），卷二十六，新安製墨，頁十二。

㊵　同①，卷之一〇一，程子虛，頁六。

㊶　歙志（明萬曆三十七年刊本），藝能三。

㊷　御定書畫譜，卷五十七，吳廷羽，頁五十二。
轉引自文淵閣四庫全書。

㊸　歙縣志（民國二十六年鉛印本），卷一，輿地志，風土，頁二。

㊹　安徽通志（清光緒年重修本），卷八十五，食貨，物產，頁一。

㊺　大村西崖著，陳彬龢譯，中國美術史（台北市，台灣商務印書館，民
國五十七年），頁二〇八。

㊻　明高濂，遵生八牋卷十五，燕閒清賞牋中，論研，頁十五。轉引自文
淵閣四庫全書。

㊼　明米芾，研史。轉引自美術叢書，四集第三輯，頁二九五。

㊽　同①，卷七十八，頁十七。

㊾　明麻三衡，墨志（涉間梓舊），系氏第二，頁七。

㊿　鄧之城，骨董瑣記（民國十五年北平和濟印刷局排印本），卷四，明墨羅小華第一，頁十七。

51　同前，卷五，明墨，頁六。

52　同㊶，卷三，食貨志，物產，頁十九。

第三章 徽派版畫析論

第一節 徽派版畫的形成與定義

　　藝術風格，是由背景思想所決定的，與畫家生長環境脫離不了關係，反映了某個地區的社會文化、生活方式等。徽派版畫，便是基於此原則，以徽州地區或徽州人的版畫活動爲範圍，於萬曆年間左右，在題材內容、藝術表現上，累積不少共同的創作經驗，因而建立了徽派版畫獨特的格調。

　　針對徽派版畫的定義，周蕪先生明確指出：「廣義地說，凡徽州人（包括書坊主人、畫家、刻工及印刷者）從事刻印的版畫書籍，纔算徽派版畫。」①徽州，位於安徽、浙江、江西三省的交界，漢時屬新安郡地，唐時隸歙州地，至北宋宣和三年（西元一一二一年），改稱徽州，元爲徽州路，明爲徽州府，清仍沿用徽州之稱，轄歙、婺源、祁門、休寧、黟縣、績溪②等地區。徽派版畫之發展範圍，便含蓋了上述地區。

　　徽州刻工，首推歙縣虯村黃氏刻工一家，受「宗族制度」觀念影響，鑴刻技術從黃鋌到黃子立世代相傳。徽州「家多故舊，自唐朝來，數百年世系比比皆是」③，又據歙縣志載「風成於習，習俗所尚，厥有專能遷其地，而弗良風土然也。邑有以地而名其器者，若東門之羅，經巖鎭之鎭，

坤沙之鼓，路口之鍼、半沙之竹器，具見於時，而黃氏之鐵冶，則又居然以業號其村矣」④，可見徽州宗族意識濃厚，各都各村大多擁有其特殊技藝與生產條件，虯村黃氏一家以雕版見長，必有其宗族相傳的悠久歷史。周蕪統計黃氏所刻書目，多達二百四十一種⑤，黃氏刻工考證，人數多至三百人左右⑥，聲勢浩大，具上乘雕刻水平，明吳承恩曾譽「屬之剞劂，即歙黃氏諸伯仲，蓋雕龍手也」⑦。徽州旌德亦多出刻工，較著名的有鮑承勛、鮑天錫、劉光信、蔡鳳鳴、郭卓然、湯復上、湯尚、湯義、湯郁文等人⑧，然不及歙縣黃氏刻工人數之多。

吳承恩狀元圖考凡例有言：「繪與書雙美矣，不得長工徒為災本」⑨，故重視插圖之書坊，多與黃氏刻工建立良好合作關係。現就試舉著名書坊及其代表作如下：汪光華兄弟玩虎軒刊有黃鏻和黃應岳刻〈北西廂記〉二卷（西元一五七三～一六一九年）、〈琵琶記〉三卷（西元一五七九年）、〈征歌集〉存卷上一冊（西元一五七三～一六一九年），汪道昆大雅堂刊有黃伯符刻〈大雅堂雜劇〉四卷（西元一五七三～一六一九年）、〈四聲猿〉四卷（西元一五七三～一六一九年），浣月軒刊有〈新鐫全像藍橋玉杵記〉二卷（西元一六〇六年），徽郡謝少連刊有黃應光刻〈精選點板昆曲十部集樂府先春〉三卷（西元一五七三～一六一九年），鄭氏高石山房刊有黃鋌和黃鈁刻〈新刻目蓮救母勸善戲文〉（西元一五八二年），此外尚有吳勉學師古齋、吳養春泊如齋、百歲堂、繡佛閣……等書坊。書坊之講究書籍插圖，帶起了版畫風潮，插圖本身就是完整的徽派版畫作品。負責版繪之

畫家，活動範圍多在徽州地區，丁雲鵬即是早期的代表，啟發明代以後畫家熱心參與版繪。

　　從各方面之考察，徽派版畫的定義相當明晰，唯有三種特殊情況，超出上述範圍，風格派別略有異：

㈠「准徽派」之來由，「非徽州名手的版畫作品，直接或間接地受徽州各手薰陶的，如武林項南洲、肖山蔡思璜、吳門朱（上如）所刻的作品，從風格上考察，無疑問的是徽派版畫的繼承者」⑩，從而採取「徽派」以外的折衷定義。

㈡徽州刻工之活動，不限於徽州，遷居足跡遍及於杭州、吳興、蘇州、南京等地，所刻的刊本隨地區而不同，故無法依刻工籍貫界定派別，如明天啟間（西元一六二八～一六四四年）〈西廂五劇〉為歙縣黃一彬，本身又屬吳興凌氏刊朱墨套印本，融合兩地刻工、書坊的製作。此外，徽州刻工所往之地區，皆受某種程度之影響，如金陵派的形成，便與徽州刻工往南京有關。

㈢徽派版畫風格，隨不同時代，不同畫家，不同刻工等背景，而呈現多種面貌。

　　雖基於各項因素，不易賦予徽派版畫絕對的界定與標準，然仍有其特殊條件，可將徽派版畫特色歸一類型。

第二節　製墨業對徽派版畫之貢獻

　　徽派版畫主要的創作空間，乃一般書籍插圖，大多是因循文字內容需要而繪刻。相形之下，製墨業所出版的墨譜，

便打破此範圍，以宣揚製墨爲目的，製作出有濃烈商業氣息的版刻作品，在內容、格式方面，均獨樹一幟，顯出它在徽派版畫史上的特殊地位。故本節對製墨業版製活動，專闢一節討論之。

一、墨模刻工

歷代舉凡石刻、碑刻、磚刻、器紋刻等，應用雕刻手法之對象廣泛，雕刻名手輩出。然在分工制度之下，以專業生產姿態出現，首推徽州墨模刻工與雕版刻工，兩者背景相似，含有商業目的，均是僱工身份，是故彼此必有其交流性。

徽州地區之版畫，其刻工來源與專業之精，製墨業對此亦提供發展條件，對徽派版畫之造勢，起了不小的作用。「墨模書畫，均須名手雕刻，亦有專家昔人製墨，但求精緻，不惜重貲，爲此業資本之大宗」⑪，製墨業對墨模之雕刻，要求嚴謹，投資甚力，於花紋線條及表面平潤程度，均一絲不苟，面面俱到，故造就出具有高度刀法水準的墨模刻工，且對版畫刻工人才之培養，不無有激發與典範作用。

墨模刻工與版畫刻工之間，差異僅在於雕刻內容以及陰陽刻之別，兩者分隸屬製墨業與版刻業門下，其工作性質是分別在製墨、製版過程中，擔任雕刻圖樣的角色，以便大量生產，是整個製作過程中不可缺的一環，且具有增飾之審美觀念。

墨模視墨形而定，例「扁長方形側面及上端有字者，則其模必爲大小板，六面合成外束，以框能開能合，墨之圓形

及偶像者，則爲四板或兩板合成，其中凹凸隨形而異，外亦有框，餘類推」⑫，墨模刻工慣常以陰刻手法，在上下兩片印板內部，鐫以圖案與文字，再經過「博板」、「捺板」⑬手續，墨的形體花紋，便由此翻造出。

墨模刻工以刀爲工具，注重操刀技法，與版畫刻工有許多相通性。關於此點，墨模刻工雕刻圖案難度與限制，要比版畫刻工來得高。「墨有範圍齊難，其雕鏤幾細，圓必中規，萬必中矩，創變不滯，奇觚之形，分合不習，直方之利，廢其物以致曲也。官其人以致用也。擬形容而象時，宣以言備也。其周悉有如此者」「墨有玉府之工，繪天之手，五日一山，十日一水，肖人象物，點綴華卉，穠抹之不厚以重，輕抹之不泊以淡，畫苑者取裁焉，其絢藻有如此者」⑭。對墨形外觀講究的程度，達到視爲一門藝術的程度。墨模刻工在這種要求之下，不但重視紋樣美感與流暢外，連同墨模底子平滑度也考慮周詳，風景、人物、屋宇庭榭等，皆在方寸之中，表達出層次分明、陰陽向背的效果，此種高難度唯有經歷代相傳的墨模刻工，方才製作得出，當時的墨譜類書籍，均大量圖載，顯示了墨類紋飾的鬼斧神工，李維楨評方于魯之墨「其追琢美好，則倕師之倡，輪扁之斲。宋之玉楮，而郢之斤成風也」⑮，對墨模刻工技術有所稱譽。但在藝術價值上，卻不及版畫刻工廣受後世注意與佳評。

趙世顯曾評墨「近世尙藻飾矣，拙工闇於法，僞者法而詭，黝且烏有，何論其澤，從藻飾以眩人」，並主張製墨著重於「體黝而用澤，黝以爲質，而澤其文也」「深於法，而不詭采法」，而非「以藻飾爲工也」⑯，又汪道貫墨書「投

以螺珠，飾以藻繢，又次之次也」⑰，是故世人評墨，在於墨本身品質的要求，至於墨模雕刻，則被視爲附屬藻飾的地位，不甚受肯定。然而墨模刻工專業之嚴謹態度，所給予雕版的影響，促使技藝互交流汲取，是不容忽略。所以在探討版畫刻工對版製之價值時，連同奠定鏤版人才基礎的墨模刻工，也須一併宣揚。

二、墨商、墨譜

宋晁說之墨經言「古人用墨，多製造。故匠氏不顯」⑱，然自歙州李超與李超之子庭珪之後，墨工方益盛，據墨志所載，徽州墨工多達百家⑲，亦成立墨坊，大量招集漆工、墨工等。其中以「市齋名世」態度製墨比比皆是，諸如：程幼博玄元靈氣、于于魯青麟髓黃、黃石龍紋雙脊、潘方凱石蓮祕寶、方澹光天鏡、吳叔大天琛、汪桑林玄蚪脂、程公瑜卿雲露、修月軒漆煙、程正路悟雪、程鳳池世寶等⑳，墨之分類浩繁，有「臨帖之墨」，有「楷書墨」，有「畫墨」，有「寫經墨」等㉑，足見明代徽州製墨業之盛況與專精。

製墨促銷，除了講究墨本身品質、造形外，並在藏墨目錄下功夫，最著名計有方氏墨譜、程氏墨苑、方瑞生墨海、李孝美潘氏墨譜等。當時藏墨目錄有二大用途，一是專供鑒賞，二是標示種類價格，方氏墨譜、程氏墨苑以前者爲主，羅列詩文贊詞，並藉助畫家精繪之圖，烘托出墨的身價，使人們用墨之餘，能以審美態度欣賞墨。除了上述刊印墨譜的目的外，程方之間的商業競爭，亦是一項不可忽略的因素，

更創造了徽派版畫發展的空間，此乃一意外收穫。

　　程大約，字幼博，號君房，據程氏墨苑的題號，尚有「墨隱道人」、「守玄居士」、「獨醒客」、「篠野山人」等署名，休寧巖鎮人，曾任太學官鴻臚寺序班，著有程幼博集六卷。善於製墨，朱之蕃「玄元靈氣歌有序」云：「君房氏托於俠，困於仕，脫於阨，隱於墨，盡墨之道，未以為足，思鬌幾之光可鑒，毛髮油則黯如也。」㉒，程大約的專注精神，幾近竭憚盡慮的地步，趙世顯譽程大約「取古之法，神而化之，黝而且澤，質有其文，體用備而墨德純，不計費，不惜工，不貳價，以故寶擅文壇，而聲流華裔。彼拙工無論偽者見之，有汗亦而遁耳」㉓，顯示製墨之精，尤以「玄天靈氣」墨號稱君房第一墨。

　　方于魯，初名大瀓，後以字行，改字建元，別署佳日樓，一署函三室，歙縣人。初學為詩，左司馬汪道昆與之聯姻，並曾招之入豐干社，著有佳日樓詩集十二卷。後投謁程君房，受待遇甚厚，習得造墨之法，遂另設墨店，延聘製墨名手，滲澹經營，日蒸益上，于魯墨因而聞名於世，甚而掩蓋其詩名，故「人知有子墨，而不知有子之詩」㉔，卻因而遭忌，有「方于魯輩可供日用，不堪傳世」㉕、「于魯多為利，利則真贋雜出」㉖等評語，詆于魯墨為「虛名」，並誣及汪道昆「子之以墨名，以汪先生之名名之也」，李維楨因而云：「余惜子之詩，不若子之墨知名之顯也。幸子之詩，不若子之墨成名之早也」㉗。方于魯有子嘉樹，繼承父業，致力墨坊經營。

　　為了與方于魯對峙，程大約另聘製墨名手，彼此各極盡

競爭之能事。大約有妾頗美麗，其妻妒忌而出家，方于魯慕其妻，乃令媒人另轉謀娶，大約因而訴訟於官司。大約之墨，曾由內廷進貢神宗，于魯愈妒恨，不久大約因殺人罪入獄，卒不食而死，疑于魯之陰嗾之故㉘。「夫一栖不兩雄，一淵不兩蛟，君房思以間執讒慝之口而快，其所積憾深怒，其爲此怨也」㉙，受方于魯設店並刊行〈方氏墨譜〉的刺激，程大約亦先後成立還朴齊，寶墨齋，更出版了程氏墨苑。

　　〈方式墨譜〉中詩文題跋，汪氏三兄弟對此大鼎相助，計有汪道昆「方于魯墨表」與「方于魯墨譜引」、汪道會「墨賦」、汪道貫「墨書」等，與汪道昆並稱「兩司馬」的王世貞，也多次替方寫「墨贊」，錢允治「與汪仲淹索墨譜歌」、朱多炡「方林宗、謝少廉、吳康虞、汪仲淹寄方建元墨賦此爲謝」等，以上均收錄於墨譜內，顯示方于魯早年入豐干社，所結交的詩友們，對〈方氏墨譜〉的推薦幫助甚大，使之廣受藝林之愛好，而有「紙爲涌貴」之譽㉚。程大約繼之發行的〈程氏墨苑〉，內容更爲完善，並將參與題贊繪圖之官要、名手編錄成「墨苑姓氏爵里」，對於每人背景均「書爵、書地、書名、書字、又書其科第」㉛，他本身亦在墨苑「飛龍在天頌」㉜、「六龍御天頌」㉝，署名「原任鴻臚寺序班　臣程大約謹頌」。因此，程大約擁有大批達官顯要作爲後盾，實完全是他曾任京官的緣故，靠這種關係，才得以網羅各家之詩序、墨贊，藉此以抬高墨苑的身價。

　　〈程氏墨苑〉附有「中山狼傳」，以詬方于魯㉞，方于魯佳日樓集附「續集師心草」有喻謗一文㉟，做自我辯解，

沈德符因而嘆程大約「鬥奇角異，似又勝方，真墨妖，亦墨兵矣」㊱。當時文人墨客分為推崇程氏、推崇方氏兩派，評述各褊祖一方，「然論墨品人品，恐程終不勝方耳」㊲。丁雲鵬先後投效方于魯、程大約門下繪圖，絲毫不受兩派之爭的影響，足見雲鵬持著超脫利害的態度，只為版畫藝術理念而創作。

　　總括地說，程方之爭，含有商業同行競爭的心理，在無形中提供有利徽派版畫發展的條件，〈方氏墨譜〉、〈程氏墨苑〉也隨著成為徽派版畫的寶貴資產，在版畫史上占不輕份量，是故有其正面的影響，而非鬥爭之負面外表。

附　註

① 周蕪，徽派版畫史論集（合肥，安徽人民出版社，一九八四年），徽派版畫的特色，頁十一。

② 參考臧勵龢等，中國古今地名大辭典（台北市，台灣商務印書館）。

③ 清馬步蟾修，夏鑾纂，徽州府志（台北市，成文出版社，據清道光七年刊本影印），卷二之五，輿地志，風俗，頁四。

④ 清張佩芳修，劉大櫆纂，歙縣志（台北市，成文出版社，據清乾隆三十六年刊本影印），卷之一，風土，頁二十三。

⑤ 同①，〈黃氏宗譜〉與黃氏刻書考證，頁二十六。

⑥ 同前註，頁三十四。

⑦ 明顧祖訓，增狀元圖考（明末刊清代增補本），吳承恩狀元圖考凡例，頁七。

⑧ 參考周蕪，中國古本戲曲插圖選（天津，人民美術出版社，一九八五

年）。

⑨ 同⑦。

⑩ 同⑤，頁十二。

⑪ 據民國石國柱等修、許承堯纂，歙縣志，卷三，食貨志，物產，頁十九。

⑫ 同前註。

⑬ 明沈繼孫，墨法集要，〈印脫〉。轉引自文淵閣四庫全書，子部九，頁八四二─六九八。

⑭ 明于仕廉，墨行。轉引自程氏墨苑，儒藏，卷五下，頁八、九。

⑮ 明李維楨，大泌山房集（萬曆刊本），卷之十四，方于魯墨譜序，頁二十三。

⑯ 明趙世顯，芝園文稿，卷二十二，程君房墨評，頁六。

⑰ 明汪道貫，墨書，頁一。轉引自方氏墨譜。

⑱ 宋晁說之，墨經。轉引自藝術叢編第一集，第三十一冊，文房四譜，頁二十三。

⑲ 明麻三衡，墨志，系氏第三，頁二。

⑳ 同⑪，頁十八。

㉑ 明張仁熙，墨論，轉引自宋牧仲著漫堂墨品。美術叢書，初集第五輯，頁一九〇。

㉒ 明朱之藩，玄元靈氣歌有序。轉引自程氏墨苑，輿圖，卷二，頁十五。

㉓ 同⑯。

㉔ 同⑮，卷之二十一，方于魯詩序，頁四十。

㉕ 明董其昌，筠軒清悶錄下，敘造墨名手，頁十四。轉引自學海類編，藝能，總頁五一〇八。

㉖　明張仁熙，雪堂墨品。轉引自美術叢書，初集第五輯，頁一七五。

㉗　同⑮，卷之二十一，方于魯詩序，頁四十一。

㉘　明沈德符，野獲編，卷二十六，新安製墨，頁十二。

　　另清姜紹書，韻石齋筆談，卷下，墨考，頁二十二。轉引自文淵閣四

　　庫全書，雜家四，八七二冊九十一頁。

㉙　明李維楨，大泌山房集（萬曆刊本），卷十四，墨苑序，頁二十四。

㉚　明謝肇淛，五雜組影印本（台北市，新興書局，民國六十年），卷之

　　十二，物部四，頁十二。

㉛　程氏墨苑，人文爵里序，卷一，頁三。

㉜　同前註，玄工，卷一下，飛龍在天頌，頁二。

㉝　同前註，頁三。

㉞　參鄧之誠，骨董瑣記「中山狼」一文（民國十五年北平和濟印刷局排

　　印本），卷二，頁四十。引文如下：

　　「中山狼傳，見馬申錫東田集，狼指李夢陽也，東田河間人，正德

　　間，官右都御史。康李皆門生。對山有讀中山狼傳詩云：『平生愛物

　　未籌量，那許當年救此狼』。程君房惡方于魯，亦作中山狼以醜

　　之。」

㉟　鄭振鐸，劫中得書記（台北市，木鐸出版社，民國七十一年），頁七

　　十七，佳日樓集。

㊱　同㉘。

㊲　同㉚，頁十三。

第四章　丁雲鵬徽派作品之分析

第一節　參與繪稿之版本介紹

丁雲鵬傳世徽派版畫作品，依據署名眞蹟與否，大致分甲、乙兩類，茲列諸后：

甲、在刊本上或刊署繪者姓名，或在作品旁署鈐印款等，已可確定爲丁雲鵬繪稿眞蹟者，並作爲本論文參考之版本。

1.〈泊如齋重修宣和博古圖錄〉

著者：宋王黼等撰。

版本：明萬曆戌子（十六年）泊如齋刊本。

資料來源：國家圖書館藏善本。

說明：此泊如齋刊本爲重印立本堂刊本，凡三十卷，六十類。皆繪圖考證，扉頁右側署「丁南羽、吳左千繪圖」款，左側則署「劉季然書錄」，博古圖錄程士莊序末又署「黃德時刻」。

2.〈泊如齋重修考古圖〉

著者：宋呂大臨撰。

版本：黃德時等刊本。

資料來源：中央研究院歷史語言研究所傅斯年圖書館藏

善本。

說明：呂大臨，字與叔，元祐中官祕書。考古圖十卷，
　　　皆繪圖立說，並載所藏姓氏，前有大臨自記，大
　　　德己亥陳才子、陳翼子序，「考古圖所藏姓氏」
　　　卷尾署「元默齋羅更翁考訂」一行，明新都丁雲
　　　鵬、吳廷羽、汪耕繪圖。吳元滿篆銘。劉然書
　　　錄。汪咏補錄。黃德時、德懋刻。

3.〈養正圖解〉

著者：明焦竑撰。

版本：明萬曆二十二年吳懷讓刊本。

資料來源：國家圖書館藏善本。

說明：不分卷，前有祝世祿序、焦竑自序。祝世祿序稱
　　　「繪圖爲丁雲鵬，書解爲吳繼序，捐貲鑴之爲吳
　　　懷讓，而鑴手爲黃奇。」

4.〈方氏墨譜〉

著者：明方于魯輯。

版本：明萬曆間刊本。

資料來源：國家圖書館藏善本。

說明：此譜從萬曆十一年（一五八三年）始至萬曆十六
　　　年（一五八八年），歷經五載才完成。羅列製墨
　　　款式，共計三百八十五式，並按國寶、國華、博
　　　古、博物、法寶、鴻寶分爲六卷。前有汪道貫
　　　「墨書」，內載「其製則請之余伯氏伯玉、李太
　　　史本寧，而不佞道貫時佐之。書則請之文博士休
　　　丞、周山人公瑕、莫太學廷韓、朱王孫貞吉、潘

祕書衆安、劉文學季然、而不佞亦佐之。畫則丁
山人南羽、兪山人康仲、吳山人左千」，第一卷
國寶目錄後刊有「守言刻」，繪圖旁時而鈐有
「南羽」、「聖華」、「廷羽」、「左千氏」
「兪康仲氏」等印記。

5.〈程氏墨苑〉

著者：明程大約輯。

版本：明萬曆間滋蘭堂原刊本。

資料來源：國家圖書館藏善本。

說明：此墨苑之編刻，始於萬曆二十二年（一五九四
　　　年），至萬曆三十三年（一六〇五年）才完成，
　　　共十五卷。前六卷，每卷分上下，以所製墨款
　　　式、詩詞繪之爲圖，分六門，曰：元工、輿圖、
　　　人官、物華、儒藏、緇黃，共計四百一十五式。
　　　又後九卷，曰「墨苑人文爵里」，皆時人投贈詩
　　　文序贊。程大約「墨苑人文爵里序」後刊有「剞
　　　劂氏黃鏻」一行，孫承宗「輯漆園文人事略」一
　　　文後則刊「古歙黃應泰鐫」。

6.〈唐詩畫譜〉

著者：明黃鳳池輯。

版本：明萬曆至天啓間清繪齋、集雅齋合刊本。

資料來源：國家圖書館藏善本。

說明：唐詩有五言、六言、七言畫譜，餘爲唐解元做古
　　　今畫譜，梅竹蘭菊四譜，草木花詩譜，木本花鳥
　　　譜，張白雲選名公扇譜。其中五言唐詩畫譜除收

錄丁雲鵬之羅漢圖一幅之外，其他均出於蔡沖寰
之手。書有「蔡沖寰寫」、「蔡汝佐寫」及鈐印
「蔡氏元勛」、「沖寰之印」者，共計二十二幅
①，羅漢圖「僧讀經堂」右上角款署「丁雲鵬
寫」，並鈐「丁南羽」印。鏤雕者姓氏不詳。

乙、根據文獻所載，疑是丁雲鵬所繪的版製眞蹟，尙待後人
詳考者②。

1.〈性命雙脩萬神圭旨〉四卷，明尹高第撰。有兩種傳
爲丁雲鵬繪稿的版本，分述如后：

(1)明萬曆四十三年（一六一五年）刊本，上海顧炳鑫
藏。此版本首有萬曆四十三年余永寧序，版心刊署
「黃心齋刻」。
周蕪《徽派版畫史論集》，收錄其中〈待詔圖〉一
幅。

(2)明天啓二年（一六二二）刊本，西諦藏書③，安徽省
博物館善本，有天啓二年滌玄閣主人程于廷（惟貞）
序，並於余永寧序後刊署「黃伯符刻並書」一行。
周蕪《徽派版畫史論集》，收錄其中〈聚火載金圖〉
一幅。鄭振鐸《中國古代木刻選集》，收錄其中〈大
小鼎爐圖〉一幅。

2.〈觀音菩薩三十二相大悲心忏〉，別題〈觀音三十二
變相〉，圖三十二幅，明萬曆間程幼博施刊本。
原版共五塊，每塊兩面刻，每面三幅，今存二十八
幅，缺末一塊四幅並題跋。天啓二年方紹祚得程幼博

施本，經方氏補遺，復爲流通，安徽省博物館藏有原版二十八幅。刻於歙縣岩寺之繡佛閣，許承堯以〈程式墨苑〉證之爲丁南羽所繪，剞劂出虯村黃氏④。

周蕪《徽派版畫史論集》，收錄二幅，《中國古代版畫百圖》，收錄一幅。

本文評述丁雲鵬版畫，採用前述甲類作品，俾求昭信。

一、插圖版式

圖文版式配合得當，可收一目瞭然的效果，故插圖編排須經周詳思慮，妥善配置。丁雲鵬版畫作品，多屬插圖之類，均安排成單面版式，並有前文後圖、前圖後文之分，主要是站在輔佐文字的地位，亦有反賓爲主，以文字配合圖畫。

〈泊如齋重修和博古圖錄〉、〈泊如齋重修考古圖錄〉與原刊本同，版式不變，唯經丁雲鵬、吳左千等居中作稿，著名刻工鐫版，因而一改較早版本粗拙的線條作風，更爲流暢細膩。此兩者刊本採前圖後文之編排，所繪刻的器物圖樣，每種占單頁畫面，並於右邊標明器物名稱，即爲「題識」，每圖後附有說明與考證。〈考古圖〉在「題識」下方標有「所藏姓氏」，其中第八卷玉器類「琥」的插圖，橫跨同頁的前後版，須予以翻閱方可看到全圖，此種插圖版式難得一見。丁雲鵬等所繪器物插圖，在這種版面設計之下，顯得簡潔俐落，並凸顯主題。〈養正圖解〉插圖與上述同，附有「題識」與文章說明，相異的是採前文後圖之形式。

〈五言唐詩畫譜〉將圖文配置左右兩版面，前者爲畫

蹟，後者爲「題畫詩」。「題畫詩」爲五言、六言、七言等韻文。以丁雲鵬爲例，所繪的「羅漢圖」與俞道隆所書的岑參「題僧讀經堂」前後對照，意趣相投，頗類似中國畫中以題詩表達畫境的觀點。所不同的是版畫中的題畫詩作品分列兩面，而非中國畫將畫與詩融合一體，然皆收畫意詩心之效。

「古之爲墨者，爲螺，爲丸，爲餅，皆象也。自羅秘書飾象以炫觀者，而墨象興矣」⑤，隨著製墨造形之變遷，觀墨逐成一門藝術。也因而形成〈方氏墨譜〉與〈程氏墨苑〉插圖版式的特殊景觀，蓋插圖在墨形之內發揮，墨形又在四周單邊的版面內做配置變化，遂成了大大小小框的版面視覺。丁雲鵬繪稿作品侷限於小範圍，另有一番裝飾意味矣！

二、插圖內容

丁雲鵬利用與刻書業合作的機會，積極參與版畫繪稿的工作，創作完稿乃至於付梓的時間，多在萬曆年間前後，繪稿內容包含了器物圖錄、墨譜、畫譜、文學插圖、宗教畫等，沒有特定範圍。丁雲鵬本身不見任何畫論思想流傳，且與商業活動接觸頻繁，由此斷定丁雲鵬爲挾技藝之職業畫家亦不爲過。

丁雲鵬插圖內容，常寓含社會教育之作用。〈重修宣和博古圖錄〉之圖載，凡六十類，計有鼎、尊、罍、彝、舟、卣、瓶、壺、爵、斝、觚、斗、卮、觶、角、杯、敦、簠、簋、豆、鋪、甗、錠、鬲、鍑、盉、盦、鐎斗、瓿、盟、冰鑑、水斗、匜、匜盤、洗、盆、鋗、釪、鐘、磬、錞、鐸、

鉦、鐃、戚、弩機、鏃、匜、錢、硯滴、托轅、承轅、輿輅飾、表座、旂鈴、刀筆、杖頭、唐蹲龍、鳩、車、提梁、鑑，皆一一描繪出。〈重修考古圖錄〉之圖載，分鼎屬、鬲獻鸞、籃屬、彝罇壺罍、爵屬豆屬雜食器、盤匜盂、鐘磬錞、玉器、秦漢器等十卷，繪圖極詳備。明何良俊評〈博古圖〉「其大小尺寸容受开合，與夫花紋款識無不畢，具三代典型，所以得傳於世者，猶賴此書之存也」⑥，說明古代器物形制、花紋有賴版畫流傳於世，又「後古但照書本言語，想像為之，豈得盡是？若有圖本，則儀式具在，按圖製造，可無舛錯，則知畫之所關甚大矣」⑦，丁雲鵬基於「古先聖賢製作大意」之闡釋觀念，且有更早版本圖載為依據，是故器物繪稿有一定的規準，分毫不差。

　　明焦竑撰〈養正圖解〉，圖稿全出丁雲鵬一人之構思及描繪，顯露出其掌握故事思想之才能。明史焦竑傳載：「皇長子出閣，竑為講為官……竑嘗採古儲君事可為法戒者，為養正圖說，擬進之，同官郭正域輩，惡其不相聞，目為賈譽，竑遂止」⑧，以致此書無法進呈，並無官刻之本。焦竑於序言自謂「竊愧空踈，靡所自效，獨念四子五經，理之淵海，窮年講習，未易殫明」、「故今古以通之，圖繪以象之，朝誦夕披而觀省備焉」⑨，此為焦竑編撰〈養正圖解〉之立意。古時作圖，如顧愷之作孝經圖、列女圖，閣立本作職貢圖、馬和之作毛詩國風圖，甚而歷代帝王像、歷代名臣像等諸畫，皆負有「關於政理」「裨於世教」⑩的責任，丁雲鵬所繪〈養正圖解〉版畫插圖的目的，與之殊途同歸，均含有啓發後世與借鑒作用，故持嚴謹作圖的態度，要求形式

與內容盡善盡美。

〈程氏墨苑〉與〈方氏墨譜〉的版畫內容,相當於墨形圖案。丁雲鵬繪稿有兩種途徑的推測:一、為墨模圖案設計稿樣,經墨模刻工翻刻於墨範上,再經版畫刻工錐鑴刻成版,丁雲鵬的作品便透過上述兩種手續間接現於紙上;二、複繪墨模原有圖案,並非出於丁雲鵬自創。若將墨譜中人物插圖與〈養正圖解〉插圖相互對照,風格類似,又多件作品附有丁雲鵬之鈐印,鈐印代表創作者所有權,故依前述第一途徑自創版畫稿,殆無異議。內容舉凡山水、人物、花卉、道釋、鳥獸等,均示雲鵬畫題發揮的空間極大。

〈唐詩畫譜〉僅收錄丁雲鵬道釋畫一件,是所有傳世版畫作品唯一能窺見作者善精佛像的原貌風格。大致而言,丁雲鵬版畫插圖,依其對象性質不同與件數多寡,照順序排列如下:

㈠歷史人物故事畫

㈡博古畫

㈢山水畫

㈣花鳥畫

㈤其他雜畫

第二節　版畫作品風格之討論

若欲對丁雲鵬徽派版畫的風格有所立論,其困難之處在於由刻工執行的鑴刻部分,必攙雜刻工表現意識與慣有刀法,因而略失了雲鵬版畫原稿之面貌。故須從繪刻之不同角

度來探討，兩者不可偏廢，才能建立一套正確賞析的標準。

　　雖然刻工掌握版畫中的線條之優劣，但控制版畫之精神內涵，其關鍵人物仍推畫家。故在討論版畫作品時，特別著重丁雲鵬的稿繪，詳論其造形、構圖、筆法等，至於刻工方面，僅論其刀法線條，兩者各有專司領域，必須釐清，但整體風格的評斷，仍是綜合繪刻兩貌，而非互相對立。本節即依循上述原則，將丁雲鵬繪稿內容分為人物、山水、其他等三大類，各擇具代表性的作品，就畫題內容與表現手法討論之。至於作品分期標準，因為缺乏作品年代的題款，故置而不論。

一、人物故事版畫插圖

1.〈補袞〉圖（圖版 16）

　　作品出處：〈程氏墨苑〉儒藏苑五下，頁十九。

　　後有顧起元題畫詩「補袞」，題曰：

　　「天孫夜織雲錦裳。山龍日月垂文章。襹裻戌削紛且長。誰哉婀娜居洞房。微綸迴暎熺明光。補成五色煒以煌。手捴羅薦中自將。天子服之壽而昌。垂衣端拱朝明堂。」

　　又朱化孚題曰：

　　「皇皇袞識。有闕斯補。補之伊誰。維仲山甫。補袞之庸。盟府是崇。敕之茗璧。媲美景鐘。」

　　圖中天孫椎髻裹巾，雙手呈上織有紋飾的袞服，天子身著冕服戴冠，留有髭髯，顯雍穆大方。兩人互相注目，在眼神中點出了彼此的溝通。又其人物造形，有大小之別，即把天孫身材刻意縮短，不及天子頸部以上，以示地位之卑微；

相形之下，天子造型顯得巍然聳立，臉形豐腴飽滿，襯出地位之崇高，此種強調兩者身材差距的對照，含有身份階級的暗喻。又強調頭大身短的比例，不符實際寫身之法，即「立七，坐五，蹲三」的尺度標準，顯得稚拙，但別有趣味效果，符合了故事描述的功用。在丁雲鵬繪畫作品中常運用變形手法，此種特色在版畫上毫不遜色。

　　人物衣紋，用刀筆長韌，似繪畫中行雲流水法，旋迴轉摺，除少數地方略有方折外，整體人物線描極為流暢，說明刻工除受畫稿限制外，尚能在本職上發揮線條鐫刻技巧。人物有背景陪襯，即桌几、屏風、圍牆等，皆用寫實手法，連屏風上山水圖的皴法都清晰完整，故丁雲鵬善於觀察並嚴謹作稿的態度，由此可見一斑。

2.〈噀水墨〉圖（圖版 17）

　　作品出處：〈程氏墨苑〉緇黃苑六，頁二十五。

　　後有程大約題畫記「噀水墨賓上人」，題曰：

　　「上人即呂仙也。善畫不用筆墨。但含墨水噴紙帛上。自然成山川、花木、宮室、人物之狀。略加拂拭而已。

　　愚聞墨質凝重。藉水而後順行。水德輕清得墨。而後渾化萬石。君之基托津津。相須管城子之轉輸默默。自得故用晦而明允。畢天下之能事。以明而晦久易。上古之治功。愚聞繪事後素。疇知墨之為功。坵格先工允求意之豫定。胡然噀水雜畜楮帛之間。遂爾成章。妙得丹青之理。故知墨以神用吞吐妙闔闢之機。人以儼神濃淡盡風雲之狀。」

　　唐朝張彥遠〈歷代名畫記〉：「若能沾濕絹素，點綴輕粉，縱口吹之，謂之吹雲」⑪，丁雲鵬所繪〈噀水墨〉圖亦

同樣描述以口作畫的情景。根據歷代畫史、畫論所載，得知捨棄傳統用筆，而運用他法創作的畫家不在少數，周朝時有公輸班「以腳畫地」，秦朝時有秦工人「潛以腳畫其狀」，後漢時有張衡「潛以足指畫獸」，唐朝時有張璪「以手摸絹素」、項容「以頭髻取墨抵於絹畫」以及王墨「即以墨潑，或笑，或吟，腳蹙、手抹，或揮，或掃，或淡，或濃」，乃至於清朝時高秉撰有〈指頭畫說〉，雖有些記載近於傳奇，有失正統，然仍說明不受傳統繪畫工具限制，以身體作畫，隨其形狀而有自然天成之趣，丁雲鵬〈噀水墨〉圖乃為先人以口作畫的寶貴圖載。

　　圖中兩位小童，分別束雙丫髻以及垂髫髮，持撐懸掛中的畫軸，紙帛經過呂仙「噀水墨」而呈現的山川、宮殿、樹石等，尤清晰可見。呂仙微微仰首，左手持著水盂，意氣風發的神情與眼前傑作相映成趣。後有繫頭巾等的隨從們，視線全集中於畫軸上，態度舉止恭謹嘆賞，喻示呂仙的技藝嫻熟。整幅〈噀水墨〉著重刻劃呂仙與畫軸畫面之間的關係，意在讚譽噀水墨有「遂爾成章」與「丹青之理」。

　　人物衣紋刻劃自如，波曲流動而不見方折。背景有松樹盤踞於山石上，依順紋理結構，山石線條波磔彎曲，合抱如雲頭狀，後掩映一撮夾葉叢。整個構圖分前、中、後三景，並作適當的層次距離，主題重心在中景的人物。作者沒有強調主題及背景簡略的觀念，同樣把前後景處理得繁密細膩。

3.〈列子御風〉圖（圖版18）

　　作品出處：〈程氏墨苑〉緇黃卷六下，頁二十四。

　　圖後有混沌道人張泰貞題畫記「題丁南羽畫列子御風

圖」，內有關於丁雲鵬的記載如下：

「……丁生豈是令咸後，葛家仙公翁並畫手。閒畫至人在林藪，冷然御風騰九，有風吹衣帶殊，褊襜獨行，應與道為偶。畫圖不及掌來大，茫茫宇宙無能過，見此令人神思清，恍惚真仙遙入座，程君酷愛畫，重幣購名筆，口誇顧虎頭未易丁生疋。有時著緇衣，敬寫維摩居丈室，有時戴黃冠，貌出蓮舟乘太乙，人問世無多逝，將脫履訪仙術，向平婚嫁何須畢。」

另有孫如游畫詩「列子御風」。

由此文可知程大約對丁雲鵬的繪畫推崇極至，比之顧愷之而毫不遜色，並以重幣購丁雲鵬作品，程大約這種酷愛繪畫的習性，對延攬版繪名手有密切關連，特別是丁雲鵬能夠在〈程式墨苑〉繪稿工作中挑起大樑，乃因程大約識人重用之故。

列子即列禦寇，其學本於黃帝老子。有《列子》一書，舊題戰國列禦寇撰，為道教的經典之一⑫。丁雲鵬篤信佛教，嘗謁紫柏、憨山兩大師，慈光寺創新，力為護法，時聆普門開導，晚年更棲心禪觀⑬，身為佛門弟子，畫人物以佛教畫為主，然受唐宋元以來三教同源的思想影響，不拘滯於佛道儒之間界限，可照描繪對象自由發揮，〈列子御風〉一圖即是一例。

在繪畫表現題材中，「風」是屬抽象性對象，沒輪廓可參照勾勒，因此作者透過間接表現手法，即利用所有具體東西的線條動態，以克服描繪「御風」的困難。圖中列禦寇右手持拂塵，左手置頭上裹巾之後，腰間帶飾繫有葫蘆，沿著

河岸漫遊，人物背景中搖曳飛舞的彎草、落葉以及彎曲迴旋的河流，充分烘托出風在空氣中竄動的情景。明徐沁埭謂丁雲鵬「得吳道元法」⑭，黃賓虹譽雲鵬於吳道子「不多讓也」⑮，又據唐張彥遠歷代名畫記稱吳道子之筆法「其勢圓轉，而衣服飄舉」及「吳帶當風」⑯，在〈列子御風〉圖中，作者著重列禦寇本身衣飾的描寫，強調線條的變化與節奏，略窺其承繼「吳帶當風」之遺緒，又配合刻工高度技巧，故能尋到最佳形態的描法，將列禦寇似將隨風成仙的景象，成功表現相當傳神。

構圖上，河流將整幅截為三段，分別是前岸、河本身以及對岸的山，有種舒展流動的感覺。山石皴法簡略，僅繪刻其輪廓稜線，遠山則以概略的點狀表現脈絡，不同於平常繁複的典型。為配合此「不及掌大」的圓型畫面，前景的松樹與山石雜草做半環狀的安排，將人物包圍起，顯得結構統一緊密。

以上「補袞」、「噀水墨」及「列子御風」三件作品均選自〈程氏墨苑〉，刻者為黃鏻與子侄輩黃應泰等人。黃鏻，字若愚，生於明嘉靖四十三年⑰，善書法，刻有〈養正圖解〉（萬曆玩虎軒刊本）、〈北西廂記〉（萬曆玩虎軒刊本）、〈太史楊復所先生證學編〉（萬曆四十五年余永寧刊本）等，刀法潔淨明落、秀逸典雅。黃應泰，字仲開，號初陽，生於明萬曆十年，卒於清康熙一年⑰，刻有〈女範編〉（萬曆三十年程伯陽刊本）、〈狀元圖考〉（萬曆三十七年黃應澄刊本〉，刀法特徵是隨描刻對象不同略作粗細變化，流暢工緻。其餘刻工不詳，因〈程氏墨苑〉之規模相當浩

鉅，插圖多得不勝計數，刀法風格有多種變化，由此可證鑴刻不只黃鏻與黃應泰負責，而是出於黃氏一族多人之手，並以黃鏻為首署名。

4.〈振貸養民〉圖（圖版 19）

作品出處：〈養正圖解〉頁五。

後有圖解文章，摘錄前段：

「文王問於呂望曰。為天下若何。對曰。王國富民。霸國富士。僅存之國富大夫。亡道之國富倉府。是謂上溢而下漏。文王曰。善。對曰。宿善不祥是日也。發其倉府以振鰥寡孤獨。」

明王圻〈三才圖會〉中繪有周文王半身像，相貌特徵是圓中帶方，柳眉大耳，尤其是兩頰蓄有短髯，髭鬚下垂⑱，與丁雲鵬〈振貸養民〉中周文王插圖造形相互對照，同為五綹三鬚，而後者予以簡化，故丁雲鵬所繪帝王卿相，其造型必有依據藍本，方能符合人物容貌特徵以及朝代衣冠之形制。

〈振貸貧民〉之描繪最凸出的地方，不於對象事物的畢肖，而是內在本質與外在特徵相配合，作者企圖抓住王公與貧民的身份性格，各做截然不同的處理，形成了鮮明的對比。圖中周文王坐於樹下，與兩位陪侍一同觀望官員開倉發糧，此類人物臉部弧度圓滿，隆鼻豐頰，儀態優雅，交領衣袍的線條舒展流暢，衣袖寬敞，襯托出其富泰的身子。反過來，這些外形線條在鰥寡孤獨之輩身上，則轉換成不規則狀態，圖中前方貧民五人，皆身著交領短衣，褲只齊膝，髡髮多禿，有的解開布袋以備裝糧，有的吃力扛糧，有的柱杖攜

童，各作不同角度與動作，但縱橫紊亂的線條，統一了貧民瘦骨嶙峋、衣衫襤褸的典型，並刻意作蹙眉枯槁以及聳肩駝腰之狀。

此圖人物造形包含兩種表現形式，外形線條是首要關鍵，作者對社會各階層有著深刻的觀察與體會，因此能運用縱橫揮斫或流利暢快的線條特質，以裨與人物表象相符合。構圖則取俯瞰式，中景穿插四十五角度的屋簷，劃分人物活動的空間，顯得十分突兀。樹幹皆挺直不曲，瘤節露白，乃丁雲鵬版畫常見的樹木型式，例「若作梓材圖」⑲、「烏金圖」⑳等。

5.〈**煮藥燃鬚**〉（圖版20）

作品出處：〈養正圖解〉頁一〇一。

後有圖解文章，摘錄前段：

「上素友愛。即位時。為長枕大被。與兄弟同寢。殿中設五幄。與諸王更處其中。謂之五王帳。薛王業有疾。上親為煮藥。回飆吹火。誤爇上鬚。左右驚救之。上曰。但使王飲此藥愈。鬚何足惜。」

〈煮藥然鬚〉此主題，活現了唐玄宗髭髯的相貌以及臨危不亂的神情。圖中描刻玄宗親手為薛王業煎藥的情景，「回飆」是旋風，「爇」是燒，藥罏中的火被旋風刮起，誤誤燒玄的鬚，左右陪侍雙手掌心朝外上舉，作驚駭阻止狀，右下角陪侍蹙眉張口，增強了緊張的氣氛，整體充滿急劇運動，。中心人物唐太宗，身著團領袍式衫，雙手撫鬚，不避罏火並作鎮定安詳狀，點出「鬚何足惜」之磊落情懷。

人物衣紋在腰部革帶之下多作皺褶，直掛微旋，左右兩

侍肘部衣褶僅以幾線彎弧代表，象徵迅速律動，唐玄宗肘部衣紋垂線加弧形底線，不同前者手法，以示緩和穩重，又長鬚直掛，索索分明，刻工抓住了原稿白描的特性，故能表現髭髯有如「禾苗根植之狀」般自然。除前景主題外，背景帷幕暗喻薛王業臥病而榻，屋內陳設少不了勾勒雕紋與鐘鼎器紋，以寫實手法描繪出。

〈振貸貧民〉、〈煮藥燃鬚〉兩件作品選自〈養正圖解〉，明沈德符嘗謂此「旣而徽州人所刻，梨棗旣精工，其畫像又出新安名士丁南羽之手，更飛動如生。京師珍爲奇貨，大璫陳矩，購得數部以呈上覽」㉑，此文提及丁雲鵬之名，唯對刻工僅以徽州人稱之，其名不詳。〈養正圖解〉有多種版本，爲黃鏻所刻者屬玩虎軒刊印本，爲黃奇所刻者屬吳懷讓刊印本。黃（德）奇，字惟正，生於明隆慶二年㉒，曾刻有〈書言故事大全〉（萬曆十七年吳懷保刊本）、〈醫便〉（萬曆四十二年刊本）等，在〈養正圖解〉插圖中，觀其刀法，極熟鍊俐落，從首圖到末尾圖，統一了人物特徵以及線條風格。

總括一般刻工刀法，王琦〈中國古代版畫中的人物形象〉中，曾云「一塊板根據畫面粗細，可分三種不同技術的刻線」，此三種刻線分別爲人物臉手、衣紋、樹木庭園等三面所使用，臉部描繪重細膩而不差分毫。衣紋重刀鋒轉折角度，樹木庭園則屬大刀闊斧的調子，由此三種刻線可得知刻刀操刀的原則，一般初學者都從鑱刻樹木庭園入手。李克恭爲〈十竹齋箋譜〉作序，謂「鑱忌剽輕，尤嫌痴鈍，易失本稿之神」，故刻工操刀的原則，以表達原稿精神爲主。

二、山水版畫插圖

　　丁雲鵬山水版畫，依其山石線條的特色，可分兩種不同風格，一是以勾勒線為主，即利用勾勒線條，畫出山石脈絡紋理，有分大小面層層堆砌上去，有稜有角，含有強烈的裝飾意味，〈程氏墨苑〉輿圖中「西岳華山」（圖版21）、「南嶽衡山」（圖版 22）、「北岳恆山」（圖版 23）、「中岳嵩山」（圖版 24）即為代表；二是以皴擦點為主，即僅勾勒大彎曲的石坡稜線，間以運用勻稱短促的點狀，表現紋理陰陽向背，諸如：「巨川舟楫」（圖版 25）、「龍門」（圖版 26）、「文犀照水」（圖版 27）等。以上兩種勾勒點皴的運用，皆與描繪對象性質有關，隨地理環境之不同，靠水之土坡多用點狀皴法，聳立山峰多用線狀勾勒，依此矩度，予以其他變化，遂構成丁雲鵬山水版畫之景象。

1.〈西岳華山〉圖（圖版 21）

　　作品出處：〈程氏墨苑〉輿圖卷二，頁八。

　　後有潘京南長康「西岳華山圖」圖贊：

　　「於鑠華山。儷金作鎮。蓮萼天開。河流中濬。萬寶歧成。九土漸潤。德被仁霑。金聲王振。英英文苑。是傚是圖。援儒入墨。幾收桑榆。知白守墨。由損逮無。仰鑽高堅。其殆庶乎。」

　　潘京南題贊云華山「是傚是圖」「援儒入墨」，即為歷代畫家筆下最佳山水題材之一。華山，五嶽中西嶽，在陝西華陰縣東南，有蓮花、落雁、朝陽、玉女、五雲等五峰，山狀峻峭。丁雲鵬「西岳華山」圖，中景左側主峰畫有一朝外

的手掌，前景右側山石畫有另一朝外的腳掌，與周遭山脈紋理融成一體，探究其特殊含義，不外因華山中峰，以矗立如人掌，故人稱中峰爲「蓮掌」㉓，又水經注云：「華嶽本一山，當河，河水過而曲行，河神巨靈開而爲兩，今掌足之跡仍存」㉔，此爲丁雲鵬將手掌、腳掌繪於山峰石坡表層之緣由，含有傳說故事與山水結構兩項依據。除了有一定的寫實程度外，並溶入自我發抒的創作觀，因而蔚成華山圖畫面特異奇趣的景觀。

整幅山水結構謹密，採俯瞰式畫近景的樓閣流水，岸邊山石間以雜樹，用梅花點、松葉點、夾葉點等表現之。山之外形，極爲奇峭，皆以直線勾勒，轉折處多稜角，分層細碎縝密，似經風蝕。中景山峰，聳直陡立，峰頂皆以菱形面塊層層堆積，狀似花瓣朝天怒放，故有「蓮萼天開」之形容。峰壁部分，依著山褶線構造，先勾勒折角，再順勢垂直而下，至底端漸稀落收尾，不見山腳。遠山部分僅描其外廓，內部與山其留以空白，形成起伏的山之嶂蓋。整幅構圖採中峰鼎立中央位置之安排，近、中、遠三景有明顯的分際，屬於高遠形式。

觀此圖刻工刀法痕跡，粗細不勻，刀筆之下的開頭與轉折之處，特別加強重量感，再緩以收腳，有種筆觸勾勒之特性。遠山的留白方式，是爲了表現遠在天際一種蒼茫的氣氛，因刀刻限制，不若繪畫那般可渲染，故難免予人平板之感。

2.〈巨川舟楫〉圖（圖版25）

作品出處：〈程氏墨苑〉儒藏卷五下，頁九。

　　圖後有蘭嵎朱之藩「賦得巨川舟楫」圖贊：

　　「陸海誠滔蕩。洋洋嘆河廣。誰能鼓輕舠。出險登褾
褓。獨抱康時心。玄珠探象罔。資適涉浩渺。宣仁潤草莽。
塵鞅多苦辛。安危繫反掌。振彼洪濤中。臥之羲皇上。與世
共安流。陶然寄俯仰。蓬瀛在澗沼。達觀獲恬養。」

　　此幅以「一河兩岸」的形式，劃分前後兩岸，並取俯瞰
法，截去遠景上半部以及前景下半部，分別不見其山頭或腳
基。前景邱塋中樹幹之勾劃，予以刻意扭曲的姿態，綴以雙
勾夾葉與細筆介字點式葉，靠岸有數叢水草。河景部分有一
泛舟，上一船夫撐篙，另一客蹲坐，臉部表情僅草略幾筆。
水紋橫波之勾劃，形狀有如網巾，賦以動感的韻律。遠景中
的對岸，有一羊腸小徑蜿蜒斜曲通往樹叢，林林鬱鬱，皆以
兩豎線劃並上頭綴以橫線為代表。

　　刀法刻痕在此幅可分兩種：一、線條均勻細膩，多表現
人物衣紋、水紋、舟楫等，尤其是水紋，流動自然，絲毫沒
操刀容易流露「刻」的僵硬；二、線條作側勢變化，多用在
山石樹林，石紋刀鑿之痕，類似釘頭皴，一端粗，一端細，
以聚散為石面明暗之分。

3.不具畫名之山水圖

　　作品出處：

　　A.〈方氏墨譜〉鴻寶卷六，頁十四（圖版 28A）

　　B.〈程氏墨苑〉輿圖卷二，頁三十八（圖版 28B）

　　兩幅作品分別於〈程氏墨苑〉、〈方氏墨譜〉裡發現，
論其山水形式與紋理結構，實同出於丁雲鵬的版繪畫稿。構
圖重在左側，山石皆分三面，依廓加皴，層層堆砌，延展至

遠景，主峰陡峭嶙峋，充滿山骨之感。山坡路徑委曲蜿蜒，
至末端有陳列書籍之桌几，半爲洞穴所掩，或隱或見，似有
幽人韻士於此樓隱。近景丘壑上盤結二株交形之松，蒼勁奇
古。遠山以慣有留白法表現之，並有雲海鎖山腳。

　　此兩幅同一畫稿的山水圖，若細究其刀鑿痕以及外表形
式，當可發現許多相異之處。最明顯的例子是 A 圖松樹彎曲
之外側多癭節，B 圖則無，山褶內皴線與山氣雲紋亦多有
異，然皆爲細部，肉眼難以察覺。「南羽」兩字的鈐印，在
A 圖被安置於山水圖周圍單邊外框的左上部，在 B 圖則置於
外框內的左下部。諸如此類的比較，有一種推測，即丁雲鵬
有所謂的粉本畫稿，爲程、方兩家不同刻工所鐫刻，故有上
列的現象。另由此可證明黃氏刻工之刻稿技術，幾接近原稿
面貌，使人嘆服。

三、其他插圖

　　除人物插圖、山水插圖兩大主題外，根據〈程氏墨
苑〉、〈方氏墨譜〉中有丁雲鵬鈐印的作品之統計，內容以
神話故事、祥瑞之物以及自然奇觀居多，常描繪騰雲駕霧之
祥龍、糾結虬蟠的奇樹怪石等。尚包括「雜畫」，此語見於
南宋鄧椿〈畫繼〉㉕，後泛指描繪「怪石」、「博古」、
「彩蛋」、「花雕」或「重陽糕旗」等，唯有以「雜畫」此
語，才能涵蓋丁雲鵬精彩絕倫但無法名之的一些作品。

　　花鳥題材也爲丁雲鵬所擅長，代表作爲「百爵圖」（圖
版29），選自〈程氏墨苑〉物華卷四下，後有程大約「題丁
南羽百爵圖」題贊，贊曰：

「丁生畫手妙入神間，畫禽鳥皆逼眞，傾余墨苑收名筆，卻看百爵圖中出，圖式如規徑尺餘，群飛群啄仍蕭疎，一時見者殊驚異，咸說林良遠不如，百爵聯翩誰作長，無競未須愁俯仰，鯤鵬變化本逢時，九萬排雲能直上。

聖朝將相多才賢，蓋世勳名四海傳，期爾丹青都市裡，爲圖高閣擬凌煙。」

文中所提的林良，爲明朝南海人，字以善，善畫翎毛，取水墨爲煙波出沒，鳧雁嘎唼容與之態，頗見清遠，又善花卉，樹木遒勁如草書㉖。程大約題贊對丁雲鵬畫禽鳥有所讚譽，比之林良而毫不遜色，又觀百爵圖，無論設景技巧、動態捕捉等各方面，皆屬上乘水準，整幅極爲工麗典雅。另從墨譜、墨苑得相關花鳥作品十餘幅，諸如「睢鳩」、「羽山青鸞」、「五雉」、「文彩雙鴛鴦」等，描繪功力不弱，提供了丁雲鵬精於花卉禽鳥的證明。目前傳世丁氏繪畫作品，不見任何此類作品，故上述版畫插圖可彌補這項空白。

「博古」插畫作品，見於〈泊如齋重修宣和博古圖錄〉（圖版30），〈泊如齋重修考古圖〉（圖版31），前者爲與吳左千合繪，後者爲與吳左千、汪耕合繪。「博古」即雜畫的一種，定義爲圖繪瓷、銅、玉、石等各種古器物的畫，包括以古器物圖形裝飾的工藝品㉗。此類作品，僅是傳摹圖寫前人刊本，排除任何主觀意識，完全忠實於客觀對象，毫無創作可言，然器紋裝飾之古雅謹嚴，尙須具備白描基礎方能勝任，可知丁雲鵬之白描與版畫繪稿需求有其相應性。繪博古之貢獻在於「其器亡，其書存可也」，且此丁雲鵬等人之博古插圖，皆屬於徽派版畫之範圍內，刀刻的線條較前人所刻

刊本秀氣且工整，若拿明洪武間（約一三九五年）刊本之
〈考古圖〉與泊如齋刊本之〈考古圖〉詳比較，即可證之（圖
版2、32）。丁雲鵬又替〈方氏墨譜〉繪「博古」，集中在卷
三、四「博古」篇，諸如「浮提金壺」、「三雅」（圖版33）
等，具博古描繪之豐富經驗。「博古」之刻者，主要由黃氏
刻工黃德時、黃德懋負責。黃德時，字汝中，生於明嘉靖四
十五年，卒年不詳，黃德懋，字懋官，生於明萬曆十九年，
卒於明崇禎四十一年㉘，此兩人有多次搭檔合作的經驗，曾
合刻過〈杜律七言注解〉（萬曆十六年商山吳懷保本）、
〈書言故事大全〉（萬曆十七年吳懷保本）、〈准南鴻烈
解〉（萬曆十八年汪一鸞本）等，此次合刻博古類作品，強
調輪廓線條均勻纖細、轉折弧度流暢不滯，將古器的造型、
紋飾雕琢極精逸幽雅。

第三節　丁雲鵬版畫創作觀之分析

　　丁雲鵬版畫插圖，多以歷史故事、傳奇等主題為依據對
象，因此有其特定領域可供其發揮創作。談到版畫的創作
性，必須先對「創作木刻」與「複製木刻」兩種不同名詞有
所了解，從而建立正確觀念，裨給予丁雲鵬版畫創作適當的
定位與評價。
　　「創作木刻」與「複製木刻」為木刻版畫之兩大類型，
「複製木刻」，是傳統版畫類型的代表，「創作木刻」一詞
則是近代始有的事。根據中國美術辭典中名詞術語的通釋，
是以版製過程的分工情形來區分兩者的差別，所謂「創作木

刻」，是指「木刻創作中畫、刻、印均由一人完成。作者藉
此可使自己的創作意圖和藝術特點，在自畫、自刻、自印的
木刻藝術中得以充分表現和發揮」㉙；「複製木刻」則指
「由畫家繪稿，技工刻印而成。木刻版畫包括繪、刻、印三
個基本製作過程，如這三者分由不同作者進行，其以木刻的
工藝手段摹照他人畫稿刻作，力求達到原來畫稿效果的」
㉚。近人周樹人強調創作性在於排除任何可模仿的粉本底
子：「既有底子，便是以刀擬筆，是依樣而非獨創，所以僅
僅是『複刻版畫』。至於『創作版畫』，是並無別的粉本
的，乃是畫家執了鐵筆，在木板上作畫」㉛、「所謂創作底
木刻者，不模仿，不複刻，作者揸刀向木，直刻下去」㉜。
由以上解釋，兩者的定義規範已明確，唯在創作性質與藝術
價值方面，則論說紛紜，皆針對「複製木刻」在創作上的地
位，有正面或反面之不同評價。

　　周樹人先生將傳統用作插畫或印成單張的版畫作品「不
看作藝術」㉝，其複製性「惟以鐵筆刻石章者，彷彿近之」
㉞，批評了中國傳統複製木刻毫無創作可言，因而唯有「自
畫、自刻、自印，使它確然成為一種藝術品」㉟。周蕪先生
對畫家參與「複製木刻」持正面的見解：「複製版畫起決定
作用的是畫家，而不是刻工」、「作為插圖藝術，它總是根
據作者的理解和藝術水平，加進自己的一些特殊東西，所以
仍不失為創作」㊱。

　　提出新的角度與觀點應推陳英德先生，在〈尖利的武
器——木刻版畫〉一文中，以二十世紀前後不同審美觀做為
評斷版畫藝術的標準：「版畫本是一種『間接藝術』和帶

『複數性』的，畫者只要將自己心中存有的形象，構思出來」、「現今的畫家，不一定要精通詳細的技術過程，可逕請製版印刷技師來協助，製作版畫。所以把版畫用分工的情形來決定創作與非創作，藝術與非藝術，是不恰當的」㊲。

　　上引關於「複製木刻」的一些論點，乃試圖藉此了解「複製木刻」備受忽略的藝術範疇，從而給予它應有的肯定。中國傳統版畫藝術性之所以會彰顯，追溯其根由，確實是因大量明代畫家投入繪稿並帶進本身的創作觀而起的。所以雖僅是「複製木刻」，不及後來崛起的「創作木刻」耀眼，卻含有藝術價值起源的雛型觀念，且扮演主導角色在於畫家本身，是故不能以匠人之複製工藝這一詞同等視之。同理而言，丁雲鵬版畫作品歸納於「複製木刻」這一類，是透過刻工雕版的媒介才得以具現，但其創作意識仍存在，並獨立於「複製性」、「商品化」之外。

　　丁雲鵬在版畫創作上的地位由此確定，故本節就其創作依據、意識、手法等多角度進行綜合分析，並將之歸納下述三項主題：

一、構圖形式

　　書籍所附的木刻插圖，依表現形式的不同，大致分「繡像」與「全圖」兩類。「繡像」又稱「繡梓」、「出相」，在早期是繡成的佛像或人像之專稱，後來亦指戲曲小說附於書首上的人物圖像，構圖僅是單獨人物的個體，目的為介紹書中人物的形象。「全圖」即是根據故事內容繪刻而成的畫幅，內容包括人物神態與故事情節，故設景佈局是不可缺的

插圖 1　寢門視膳

插圖 2　因樂求賢

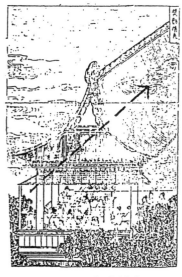

插圖 3　攲器示戒

插圖 4　獎勸循良

㊳。

　　丁雲鵬插畫之「全圖」形式，以〈養正圖解〉為代表，人物多置身於園林小景或室內陳設等佈景，在形式上講求完整，合乎「筆筆相生，物物相需」的原則㊴，並將同一時間，同一空間所發生的事蹟做全盤處理，因而能清晰傳達情節的來龍去脈，具現主題的思想。綜觀丁雲鵬作品中，大體可確定影響佈局的因素，包含「平行透視」、「平面布置」兩項，使其畫面平行線、對角線相互運用，多呈三角形構圖。

（一）平行透視

　　就「平行透視」原理而言，是將物體各縱向線條維持平行，有如宋郭若虛所言「一去百斜」㊵，不同於正確的「單點透視」法，故易造成往後擴散的錯覺。丁雲鵬插圖以「平行透視」法為表現形式，用於台閣、迴廊、室內陳設等，因而形成畫面上對角線或曲線的構圖。試舉例以說明之

1.「寢門視膳」圖（插圖1）

　　藉著背景宮廷台基與階梯的走向，盤據畫面的右上角，人物主題安排於左下角，互以陪襯。

2.「因樂求賢」圖（插圖2）

　　圖中水閣迴廊由左下往右上曲折，憑欄二人侷限於一方，欄外雲海占置大片空間，對角線因此分割畫面兩半，有一實一虛的效果。

3.「敧器示戒」圖（插圖3）㊸

　　屋內前景的桌几、背景的牆基等佈局，呈平行縱向，

插圖 5 觀獲進規 插圖 6 仁言動眾

插圖 7 闢館親賢

插圖 8　振貸貧民

插圖 9　旌賢去姦

插圖 10　習射殿廷

插圖 11　散遣宮人

並散置三位人物，不若「單點透視」合乎原理，故顯重心不穩。

4.「獎勸循良」圖（插圖4）㊹

　　樓閣主脊的線條往右上方，產生斜向軸線，下方呈平行等角四邊形，屋內人物、陳設由此一覽無遺。與「因樂求賢」圖同出一構圖形式。

　　「平行透視」法的應用，包括正面水平的底邊和往側邊深入的平面，因而常割分畫面對角線兩邊，強化了三角構圖的動勢。乃至於以自然景物為插圖主景，亦常見對角線存在畫面空間中，「觀穫進規」（插圖5）即是一例㊺。若構圖有複雜變化，則多運用曲折線，構圖呈現數個三角形，此可見於「仁言動衆」（插圖6）㊻、「闢館親賢」（插圖7）㊼等圖。

㈡平面佈局

　　平面佈局是為配合丁雲鵬插圖構景而安排的，含有俯視性質，即將空間的前後位置，以平面上下形式表現出，也稱「上下法」或「重積法」，是不同於縱深佈局。縱深佈局的原理是單點消失透視法，雖合乎常態眞實，但易發生前後景重疊、不能一覽全貌的情況。故在插圖作品中，統一採用「平面佈局」，將遠景放在上方，近景置在下方，避免上述縱深的缺陷，插圖情節之描繪，因而有更多的空間處理，發揮了完整敘述的特性。

　　實際例子可見於「振貸貧民」（插圖8）㊽、「旌賢去姦」（插圖9）㊾、「習射殿廷」（插圖10）㊿，以及「散遣宮人」（插圖11）51等圖，前景、後景的人物分置

下、上兩方，皆由人身正平面描繪，非俯瞰法的朝下形式，也違於近大遠小的常理，甚而將後景主角描繪大於前景配角，類似「逆遠近法」，可能是因以人物身份為標準所致。

又其山水構圖形式，多採中軸線，中峰鼎立，襯以前後景的小峰，偏向於「大觀式構圖」法，強調突顯主峰之峻拔與質量感。此種形式可見於程氏墨苑輿圖類。

二、人物造型

強調主題之手法，以人物造型最為明顯，丁雲鵬所繪〈養正圖解〉插圖中的人物，隨著各朝代而有不同的裝扮，明徐沁嘗謂：「傳寫古事，必合經史，衣冠器具，時各不同，吳閣名手，尚不免仲田帶木劍，明妃著幃帽之譏，況下此者乎？」[52]，可見對衣冠器具考據之難，為求真求實，必先對歷史人物做研究，透徹理解其歷史生活，才能捕捉對象的特徵，范璣亦言：「畫人物須先考歷朝冠服儀杖器物制度之不同，見書籍之後先，勿以不經見而裁之，未有者參之」[53]，從〈養正圖解〉來看，即具備衣冠形制的大致觀念。

由於包含丁雲鵬本身的創作意識，因而在刻畫形象方面，採取能表現對象本質的手法，諸如「頭大身短」、「主像大、從者小」等皆是常見的形式，人物插圖本就有「插畫」性質，故不及繪畫中的著重身體比例，反能顯出稚拙的趣味。各種角色互相統屬的關係，由「主像大、從者小」形象中可一目瞭然，特意描刻誇大的對象是屬顯要之流，待從人物的身材反縮小，以區別每種人物的身分地位，典型代表

例子爲程氏墨苑之〈補袞圖〉（圖版16）、〈異魚吐墨〉（圖版34）、養正圖解之〈寢門視膳〉（圖版35）等圖，皆排除了近大遠小的透視常則，隨賓主地位做大小變化。在傳統中國繪畫中，亦不缺「一主二從，主像大，從者小」表現例子，傳世東晉閻立本〈列帝圖卷〉早已採用此法，此外，南北朝佛像雕刻作品亦有此表現方式，例「釋迦三尊像」，釋迦居中（主位），文殊、普賢也一般是被處理得較小些。可見早期藝術家即有「主像大、從者小的觀念，丁雲鵬將此形式普遍應用在木刻插圖中。」

人物造型、面部特徵在丁雲鵬繪稿中已被「典型化」。在美學觀點中，藝術必須通過個別生動具體形象，反映普遍規律特徵，即事物的典型性，典型的程度越高就越美(54)，古代畫論明確提出以物「典型化」，首推宋朝道醇「格制」說，並具體指出人物五種典型(55)，爾後在郭若虛圖畫見聞志「論制作楷模」一文中，進一步指出人物十二種典型，並爲明代周履靖天形道貌畫人物論所引用者：「畫人物者，必分貴賤氣貌，朝代衣冠：釋門則有善巧方便之顏，道像必具修眞度世之範，帝皇當崇上聖天日之表，外夷應得慕華欽順之情，儒賢即見忠信禮義之風，武士固多勇悍英烈之貌，隱逸俄識肥遯高世之節，貴戚蓋尙紛華侈靡之容，帝釋須明威福嚴重之儀，鬼神乃作䰠醜馳趡之狀，士女宜富秀色婑媠之態，田家自有醇甿朴野之眞；恭驚愉慘，又在其間矣」(56)。

丁雲鵬插圖中人物描繪，具現了上述典型化的條件，現將各類人物的典型分述如下：

1.帝王儒賢之類：有莊重宏偉之勢，令人敬仰的威嚴，

插圖12　誅絕佞人局部圖　　　　插圖13　唐詩五言畫譜僧讀經堂

插圖14　自結履繫局部圖

插圖 15
廷理執法局部圖

插圖 16
旌賢去姦局部圖

插圖 17　振貸貧民局部圖

插圖 18　雨不失期局部圖

動作優雅，徐緩不疾，見〈寢門視膳〉（插圖 1）、〈誅絕佞人〉（插圖 12）等。

2.道釋人物之類：有「善巧方便之顏」、「修真度世之範」，骨似伏犀頭骨矗，多傍山倚水，做跏趺靜默之狀，見唐詩五言畫譜（插圖 13）等。

3.忠義人士之類：豎眉如掃，瞪眼如鈴鐺，鬚髯如戟，儀表剛直不屈，多表現在衛國、執法的情節，見〈自結履繫〉（插圖 14）、〈廷理執法〉（插圖 15）、〈旌賢去姦〉（插圖 16）等。

4.貧困卑賤之類：頭小額窄，眉蹙口斜，聳肩駝腰，二腳如跛，多袒胸露腹之襤褸狀，見〈旌賢去姦〉（插圖 16）、〈振貸貧民〉（插圖 17）等。

5.西域蠻夷之類：西方異域人輪廓突出，服飾異於中國，整體造型特殊，多做「慕華欽順」之情，恭謹順服表情溢於外，見〈雨不失期〉（插圖 18）等。

由上述見出丁雲鵬對主題有深刻的體會與入微的觀察，再輔以熟練素描的技巧，因而使插隨典型的不同，呈現多種的面貌。插圖並非「依人作嫁」的附屬品，與文字內容同樣有體現主題的功能，使讀者能深刻地了解情節內容，因此畫家作圖態度與技巧，關係到插圖之品質，至於刻工鐫版技術，則次於其後。

三、山水裝飾特性

裝飾性特質在丁雲鵬山水插圖中最凸顯，將裝飾手法應用在山水形象的組織，強調規律化、線條化，因而整體氣氛

充滿韻律感，應用對象包括衣服器物的細節圖案。

　　試舉程氏墨苑五岳圖爲說明例子，由圖中可見丁雲鵬是通過簡練的線描，把複雜的自然現象，作了定型化的處理，著重線條表現。山石結構表現手法是順著脈紋做皴線處理，一條一條刻劃上去，山面表層充滿堆砌感，雲海勾劃，強調其條帶狀、漩渦狀，有飄浮之感。細部方面，諸如樹脈、夾葉、松針、水紋等亦同樣加以圖案化。丁雲鵬的白描特性，具有裝飾與表現的功能，所以在欲表現裝飾手法的技巧上，提供了極大的便利。

　　總歸裝飾風格，繁複中見精簡，是丁雲鵬山水插圖的主要特性，反映了作者的創作觀。

附　註

①　蔡元勛，名汝佐，號沖寰，新安人，尤工詩意圖，亦能刻木版畫。傳惜華解題：「萬曆時，黃鳳池輯唐詩五言畫譜，爲其與丁雲鵬所畫。唐詩六言、七言畫譜兩種亦爲所畫，並與武林劉次泉合刻。當時傳奇圖像多爲所畫，如陳繼儒輯六合同春及丹桂記插圖之一，即出其手。」

②　參考周蕪，徽派版畫史論集（安徽省，人民出版社，一九八四年一月），七、圖版說明，收錄傳丁雲鵬所繪的版畫作品，計三種。

③　西諦書目，卷二，子部，道家類，頁五六，列目如下：
　　性命雙修萬神圭旨四卷明刊本四册有圖。

④　周蕪，中國古代版畫百圖（台北市，蘭亭書店，民國七十五年九月），頁一二一。

⑤　明汪道貫，墨書，頁八。轉引自方氏墨苑。

⑥　明何良俊，四友齋畫論。轉引自美術叢書（台北市，藝文印書館，民國六十四年十一月），三集第三輯，頁二十三。

⑦　同前註，頁二十四。

⑧　清張廷玉等奉敕撰，明史（台北市，藝文印書館據清乾隆年間武英殿刊本影印本，民國四十五年），卷二百八十八，列傳第一百七十六，文苑四，頁八。

⑨　明焦竑，養正圖解（明萬曆二十二年吳懷讓刊本），養正圖解序，頁一。

⑩　同④，頁二十四。

⑪　唐張彥遠，歷代名畫記，論畫體工用搨寫。轉引自美術叢刊㈡（台北市，中華叢書編審委員會出版，民國五十三年三月），頁十八。

⑫　參見中國人名大辭典（台北市，台灣商務印書館，民國六十六年十月），頁二三三。

⑬　黃賓虹，黃山畫苑略。收錄於孫旗編黃賓虹的繪畫思想（台北市，天華出版社，民國六十八年八月），頁二七八。

⑭　清徐沁埜，明畫錄，轉引自美術叢書，三集第七輯，頁二十。

⑮　同⑬。

⑯　同⑪，論顧陸張吳用筆。轉引自美術叢刊㈡，頁十六。

⑰　參考周蕪，徽派版畫史論集，〈黃氏宗譜〉與黃氏刻書考證，頁二十六。

⑱　明王圻，三才圖會（台北市，成文出版社據明萬曆三十五年刊本影印，民國五十九年），總頁五六四。

⑲　圖出於程氏墨苑，儒藏，卷五下，頁十七。

⑳　圖出於程氏墨苑，緇黃，卷六，頁十四。

㉑ 明沈德符，野獲編，卷二十五，呂焦二書，頁十三。

㉒ 同⑰。

㉓ 參見中國歷史地名大辭典（台北市，三通圖書公司，民國七十三年一月），總頁一六七三。

㉔ 參見水經注，卷四，頁十三。轉引自王雲五主編大本原印四部叢刊正編，據上海涵芬樓景印宋刊影印本（台北市，台灣商務印書館，民國六十八年）。

㉕ 宋鄧椿，畫繼，卷七，小景雜畫，頁四。

㉖ 參見中國美術家人名辭典（台北市，文史哲出版社，民國七十六年五月），頁五二六。

㉗ 參見中國美術辭典（台北市，雄獅圖書有限公司），繪畫，名詞術語、流派，頁六十九。

㉘ 同⑰。

㉙ 同㉗，版畫名詞術語、流派，頁四○八。

㉚ 同前註。

㉛ 周樹人，近代木刻選集㈡，小引。轉引自魯迅全集第七卷，集外集（北京，人民文學出版社，一九六一年），頁五四三。

㉜ 周樹人，近代木刻選集㈠，小引。前引書，頁五二五。

㉝ 周樹人，介紹德國作家版畫展。引自陳英德，海外看大陸藝術（台北市，藝術圖書公司，一九八七年十一月），頁二三六。

㉞ 同㉛。

㉟ 同㉝。

㊱ 參考周蕪，徽派版畫論集，二、徽派版畫的概況，頁六。

㊲ 陳英德，尖利的武器──木刻版畫。海外看大陸藝術，頁二三七。

㊳ 同㉗，版畫，名詞術語、流派，頁四一一。

㊴　語出清沈宗騫，芥舟學畫編，人物瑣論。轉引自兪崑，中國畫論類編（台北市，華正書局，民國七十三年十月），頁五三二。引文如下：「凡圖中安頓佈置一切之物固是人物所不可少，須要識筆筆相生，物物相需道理。向爲筆筆相生？如畫人因眉目之定所向而五官之部位生之，因頭面之定所向而肢體之坐立生之」、「何爲物物相需？如作密樹，需雲氣以形其蓊鬱，作閒雲，須雜木以形其靉靆。是雲與樹之相需也」。

㊵　宋郭若虛，圖畫見聞志。轉引畫史叢書（台北市，文史哲出版社，民國六十八年），卷一，頁一五二。

㊶　圖出自養正圖解，頁一。

㊷　同前註，頁二十九。

㊸　同前註，頁三十二。

㊹　同前註，頁一〇五。

㊺　同前註，頁八十四。

㊻　同前註，頁二十六。

㊼　同前註，頁九十。

㊽　同前註，頁四。

㊾　同前註，頁五十二。

㊿　同前註，頁九十二。

51　同前註，頁一〇八。

52　清徐沁，明畫錄，論人物畫。轉引自兪崑編，中國畫論類編（台北市，華正書局，民國七十三年十月），頁四九三。

53　清范璣，過雲廬畫論。轉引自中國畫論類編，頁五四二。

54　參見王世德主編，美學辭典（台北市，木鐸出版社，民國七十六年十二月），典型說，頁二十。

55 宋劉道醇，宋朝名畫評。轉引自中國畫論類編，頁四〇八。關於人物
   典型的說法如下：

   「大抵觀釋教者，貴莊慈覺，觀羅漢者尚四象歸依，觀道流者尚孤閑
   清古，觀人物者尚精神體態」、「觀鬼神者尚筋力變異」。

56 宋郭若虛，圖畫見聞志敘論，論製作楷模。轉引自中國畫論類編，頁
   五十七。

第五章　丁雲鵬版繪與水墨特性之綜合比較

第一節　版畫繪稿之基礎—白描

地緣背景是丁雲鵬參與版製之重要因素，於此之外，尚包含適於版畫繪稿的必備條件，即繪畫本身具有某種版畫所要的白描特質。版畫繪稿講究線條的表現，以此爲物象的基架輪廓，一般習於潑墨渲染或簡逸沒骨的畫家，筆下渾染皴擦等的技法是不適於以版刻再現。因此，丁雲鵬秉著以線條見長的白描基礎之下，方能勝任版畫繪稿的職位，發揮了線條的功能。

「白」是指尚未賦彩者，「描」即就線條勾勒而言。明汪珂玉「繪事名目」中釋「描」爲「白描人物」之通稱①，特別是人物衣褶的描法，明鄒德中「繪事指蒙」提出「描法古今－十八等」②，並爲後來周履靖〈畫人物論〉③、汪珂玉〈古今描法〉④所引用，皆指衣褶的表現形式。清方薰言：「世以水墨畫爲白描，古謂之白畫」⑤，「白描」總稱源自於早期的「白畫」，此稱見於唐張彥遠歷代名畫記⑥，白描是繪畫的基礎，因而有「白描打底」一說。總括「白描」一詞，用以稱謂用墨線勾描對象輪廓、不施色彩者，是屬純粹線描的形式。

　　丁雲鵬善於「白描」，由傳世畫蹟可證之，另載有對丁雲鵬「白描」作品的評述，散見各書畫著錄以及畫贊，擇要如後，以見其「白描」之精：

　　書畫鑑影「丁南羽觀音變相圖册」：「墨筆工細白描」、「此丁南羽先生白描觀音大士，汪伯玉司馬所藏，直與龍眠頡頏，晚年出入盧楞伽、貫休之間，時帶墨」⑦。

　　容台集「明丁雲鵬白描羅漢」：此羅漢婁水王弇山先生所藏，乃吾友丁南羽游雲間時筆，當為丙子丁丑年。如生力駒，順風鴻，非復晚歲枯水禪也。詩文書畫少而工，老而淡，淡勝工，不工亦何能淡？東坡云：筆勢崢嶸，文采絢爛，漸老漸熟，乃造平淡，實非平淡絢爛之極也。觀此卷者，當以意求之」⑧。

　　甌鉢羅室書畫過目考：「工白描，為第一作手，供奉內廷，景劍泉閣學藏有白描花卉長卷，用筆如游絲遒勁」⑨。

　　辛丑銷夏記「明南羽布袋羅漢」：「善白描仙佛，酷似李龍眠，絲髮之微，意態畢具」、「此幅寫布袋羅漢……昔人畫應真，輒作乘龍跨虎渡海，降魔諸像詭怪恍忽不近人情，南羽一洗而空之，只就本來面目，作打包行腳之狀，而頂上圓光，胸中慧炬，種種慈悲妙趣，已流露於修眉豐頰之間，是非遠宗顧陸，高抗閻吳，不能精造於此」⑩。

　　眼福編初集「明丁南羽白描羅漢册跋」：「董文敏跋丁南羽畫羅漢為毫生，而世之倣南羽者亦踵相接，可謂生生不已矣。是卷畫諸尊者，各盡其態，或辨論其真贋。余曰：羅漢之相，有無真幻尚不能定，畫羅漢相者，又何必定其有無真幻耶，畫者而為南羽也，則羅漢身即南羽身，羅漢與南羽

各自知之，觀者不得知也，畫者而非南羽也，則羅漢身非南羽身，而仍託為南羽身，羅漢與託為南羽者，各自知之，觀者不得知，即南羽亦不得知也」⑪。

書畫所見錄：「所見南羽佛乃羅漢像，皆仿吳道子、貫休一派，用濃墨闊筆，傅色從衣紋澹而成，辛酉在毗陵書肆，見一絹本卷子，乃細筆白描觀音像，前有韋馱及四天神，慈顏威狀，對之儼然，後有董思翁楷書心經⑫。

湖中畫船錄「丁雲鵬人物」：「白描羅漢一卷，紙長丈餘，人物端莊，毛髮飛動，惟樹石不甚用意耳」⑬。

明畫錄：「善畫佛像，得吳道元法，其白描羅漢，工于禪月金水兩家，別畫一種風格」⑭。

鐵網珊瑚：「南羽白描酷似李龍眠，絲髮之間而眉睫意態畢具，非筆端有神通者不能也」⑮。

大函集「送丁畫師南羽東遊雲間之廣陵四首」：「畫手無如顧虎頭，名家不減舊風流，試看海架三千軸，誰是丹青第一籌」、「瞥見人間丁令威，滄洲落紙筆如飛，相將東閣探梅去，準擬揚州跨顧歸」⑯。

依據這些對丁雲鵬白描的評述中，約略得知丁雲鵬筆下物象的神趣來自白描技法，可分師承與題材說明之：

一、師承方面

有遠宗與近法兩途徑，著錄記載中「直與龍眠頡頑，晚年出入盧楞伽、貫休之間」、「遠宗顧陸，高抗閻吳」、「仿吳道子、貫休一派」、「工于禪月金水兩家」等諸句，皆是遠宗古法，或賞評者將其風格歸類某一家而已，並無明

顯的直接師承，遠宗對象多爲道釋名家，善於白描，遒勁圓轉，因而與丁雲鵬白描風格發生聯繫關係。就禪月金水兩家而言，禪月乃貫休，善畫道釋，師閻立本，嘗畫羅十六幀，龐眉大目者、朶頤隆鼻者、倚松石者、坐山水者，胡貌梵像，曲盡其態⑰。金水此名號不見於傳記資料，筆者推測可能爲張玄，張玄出身於簡州金水，人稱「金水張羅漢」，在貫休入蜀前後，即以畫羅漢聞名當地，造型奇特，衣紋簡略，黃休復云：「吳畫衣紋簡略，玄所畫羅漢吳樣也，今大慈寺灌頂院羅漢一堂十六軀是也」⑱，與貫休同爲五代蜀地道釋畫名家。丁雲鵬白描羅漢，即含有貫休金水兩家的造型筆法，故人將此歸於同一類型。

又丁雲鵬亦臨摹仿繪古人名畫，從中擷取吸收白描表現技法，進一步強化本身的線條造型。萬玉山房卷引載：「海陽丁生雲鵬稱良史，受命元父，倣趙文敏山房圖」⑲，趙文敏即趙孟頫，人物、鞍馬師法李公麟，友人郭佑之嘗贈詩云：「世人但比龍眠（李公麟），那知已出曹、韓之上」⑳，亦工釋像，有唐人之致去其纖，有北宋人之雄去其獷，白描風格即見於此。佛母圖小序云：「屬丁南羽作佛母圖……，其圖倣李伯時，惟其有之，是以似之，圖是已」㉑，李伯時乃李公麟，繪畫題材從現實生活到歷史故事、佛道仙鬼、鞍馬走獸等，無不涉及人物，表現形式又以「掃去粉黛、淡毫輕墨、高雅超逸」的白描畫爲主，並大膽將白描畫從「粉本」、「稿本」地位發展成純粹獨立的繪畫樣式，對後世造成一股風氣，在明清時，鐫刻行世的李公麟白描作品，散見於經卷扉頁或畫譜中，是以版畫方式表現出來，例

顧氏畫譜便刊刻一件（圖版36）㉒。丁雲鵬在白描上有突出的成績，部分歸因於藉仿臨前輩畫家或間接受傳統派別影響，尤其是李公麟一系，故在傳統白描基礎上，才能發揮線描特質於版畫繪稿上。

二、題材方面

關於白描的古代理論，皆不脫離「稿本」對象之範圍，清蔣驥神秘要有白描專論，云：「白描打框格尤宜淡」㉓，丁雲鵬白描畫亦「老而淡，淡勝工」、「傳色從衣紋澹而成」，故「當以意求之」。夢幻居畫學簡明謂：「白描貴潔淨勻細，不滯不纖」㉔，白描有純粹表現物象基本特徵的功用，故適於版畫稿本之用，丁雲鵬遠宗對象之風格，含括了李公麟的「鐵線描」與顧愷之的「游絲描」，本身線描形式在早期使用細若髮絲、狀如行雲流水的表現形式，晚期則力求粗放簡勁，總括其特色，乃以人物題材為主，表現「游絲遒勁」之感。

關於白描山水，顧炎武日知錄：「古人圖畫，皆指事為之，使觀者可法、可戒，自實體難工，空摹易善，於是白描山水之畫興，古人之意亡矣」㉕，歷代白描題材由人物擴展至山水領域，創造白描的新局面。論丁雲鵬山水畫，小蝶樹石譜評：「丁南羽陳章侯崔青蚓人物皆出群，然皆不宜山水」㉖，蓋因山水多為人物主題配景，或人物畫之專精，超越山水畫之上。詹景鳳休陽詩雋「丁南羽山水歌」，詳述丁雲鵬實際作畫的情景，節錄一段如下：

「丁生傲兀思離奇，登樓十日眾不知，科頭獨坐青松

古，坦腹空山白日遲，興來大噉忽高踞，援筆燀赫生風雨，千里移來屋壁看，江山杳靄知何處，旣似輞川陰陰夏日居，又似漢陽歷歷晴川樹。我識此圖十秋定，有神好之，恨未去作畫中人。爲爾駐視停玉斝，使我形神一月不得親。吁嗟人間好手有若此，誰謂顧陸張吳一時生使死，眼中之人吾與子。」[27]顧陸張吳等畫家，皆是人物畫的代表，詹景鳳卻以此來稱譽丁雲鵬山水畫，寓有線條的概括性，能突破局限而加深山水的意境。觀丁雲鵬山水繪畫作品，單純線描形式多應用在山石、行雲、流水以及夾葉松針等，掌握組織變化的原則，將繁複的自然現象規律化，此又爲白描基礎的一大功用。

　　參與版畫繪稿的條件是必須嫻於「白描」技巧，又不失構思創作，其性質與古畫的「粉本」、「底稿」相類似，皆力求線條形態的「潔淨勻細」以及轉折變化的「不滯不纖」，以裨符合鐫版的便利要求。丁雲鵬在此前提之下，以其深厚的「白描」基礎，方能在版繪領域游刃有餘，並與其繪畫作品相得益彰，愈增其光輝。

第二節　版畫插圖之鈐印特色

　　〈程式墨苑〉與〈方氏墨譜〉版畫插圖，常見丁雲鵬的姓名印，是專鈐印在圖稿旁，透過刻工的鐫版間接再現，故沒有書畫中所謂的印色，又鈐印的部位也不盡相同，版畫插圖的鈐記是在畫面框格範圍之外，多在左下方或左上方，不同於書畫用印在作品落款之位置。此兩大墨譜首開風氣，鈐

印版繪作者的姓名，含有兩項重大的意義：

一、彰顯插圖者的創作權：印章有「取信於人」的作用，書
　　畫家用以表明是出自本身的創作，或補飾畫面的美觀。
　　〈程氏墨苑〉「墨苑姓氏爵里」載有書者、繪者的姓
　　名，將丁雲鵬羅列在內，〈方氏墨譜〉前序汪道貫「墨
　　書」亦說明插圖爲丁雲鵬等人所繪，此爲鑑定丁雲鵬版
　　繪眞蹟的文字資料，插圖旁的鈐印便進一步證實了創作
　　權屬何人，與書畫作品款署同樣有鑑別眞蹟的輔助功
　　用。若將丁雲鵬繪畫作品與墨譜兩者的鈐印做排列比
　　較，不難發現大多出自同一類章，這種核對加強了版繪
　　作者的創作權，極具參考的價值。

二、版畫插圖作者的地位受到肯定：基於傳統輕視匠人的觀
　　念，版畫刻工事蹟多淹沒不彰，直至徽派刻工時代，普
　　遍圖中鏤有刻工姓名以及黃氏宗譜的出現，才逐漸喚起
　　世人的重視。同樣而言，在版畫繪稿方面，並沒有附上
　　繪者鈐記的習慣，或僅在畫譜之類才仿刻畫家的題識款
　　署。〈程氏墨苑〉與〈方氏墨譜〉此兩大墨譜，打破了
　　傳統的慣例，比照書畫用印的方式，在一些頗具水準的
　　版畫插圖中，附上繪圖作者的姓名印，這種對版畫製作
　　的愼重態度，顯示了丁雲鵬等插圖者受到相當的尊重，
　　同時亦藉知名畫家姓名抬高墨譜的身價，爾後〈方瑞生
　　墨海〉等亦仿此先例，刻上繪者印章。

　　依據明清畫家印鑑[28]以及晚明變形主義畫家作品展[29]所
附的款印圖版，得知丁雲鵬在繪畫作品所使用的圖章，不同
的款文和款形，多達二十五種。又〈程氏墨苑〉、〈方氏墨

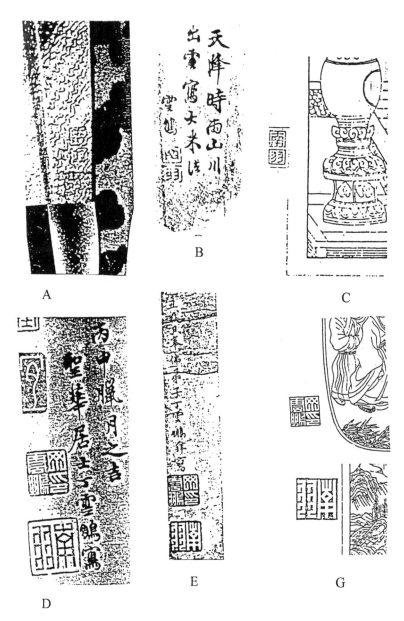

插圖 1

譜〉上丁雲鵬版畫插圖的鈐記，計有十種類型，其中六種亦
爲繪畫方面所使用，現將繪畫與版稿兩者皆用的印章排比歸
納如下：

㈠「南」「羽」

款文：小篆，朱文。款形：正方形，聯珠印。

出處：萬曆己丑（1589）畫前赤壁賦扇（插圖1A），雲
　　　山煙樹扇（插圖1B）等。〈程氏墨苑〉玄工、人
　　　官、緇黃等篇的插圖多件（插圖1C）。

㈡「丁雲鵬印」

款文：印篆，白文。款形：正方印

出處：明萬曆丙申（一五九六）應眞雲彙卷（插圖
　　　1D），明天啓乙丑（一六二五）白馬駝經圖（插
　　　圖1E）等。

　　　〈程氏墨苑〉緇黃篇「嘆水墨」圖（插圖1F）。

㈢「南羽」

款文：印篆字體，白文。款形：正方印。

出處：同〈二〉繪畫作品。

　　　〈程氏墨苑〉輿圖篇「北嶽恆山」圖（插圖
　　　1G）。

㈣「丁雲鵬印」

款文：印篆，白文。款形：正方印。

出處：明萬曆己亥（一五九九）東山圖（插圖2A），明
　　　萬曆己亥（一五九九）盧山亭圖（插圖2B）等。
　　　〈程氏墨苑〉緇黃篇「玄光靈芝」圖（插圖
　　　2C）。

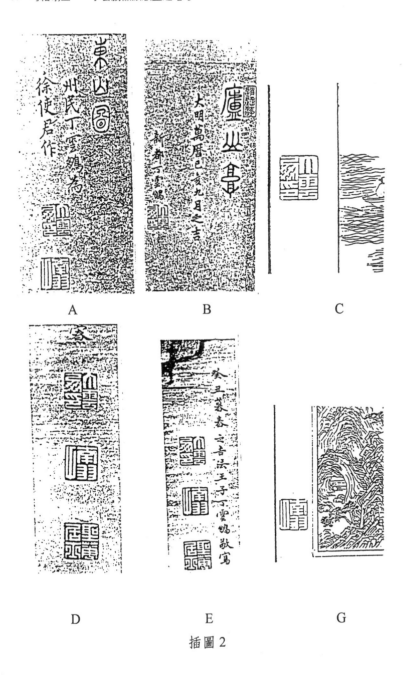

插圖 2

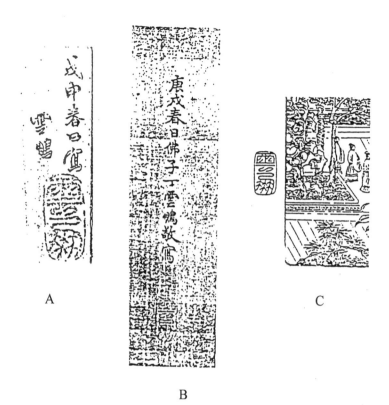

A

B

C

D

插圖 3

㈤「南羽氏」

款文：印篆，白文。款形：正方印。

出處：明萬曆己亥東山圖（插圖2A），明萬曆癸丑（一

六一三）應真像二軸（插圖2D、2E）等。

〈程氏墨苑〉輿圖篇「中岳嵩山」圖（插圖

2F）。

㈥「雲鵬」

款文：小篆，朱文。款形：橢圓筯。

出處：明萬曆戊申（一六○八）山水扇面（插圖3A），

明萬曆庚戌（一六一○）掃象圖（插圖3B）等。

〈程氏墨苑〉輿圖、儒藏、緇黃篇等的插圖多

件。

其餘尚有「南羽」（小篆朱文）、「雲鵬」（印篆白

文）、「丁南羽」（古文白文）等版繪用印（插圖3D），均

為傳世繪畫作品鈐章所不曾見者，可用以補充丁雲鵬的印鑑

資料。

第三節　版畫與繪畫風格之比較

版畫繪稿者為了配合鐫刻原版的條件，通常須注重線條

的分明，使之好刻、好印。丁雲鵬以原有畫家的身分參與，

除了本身畫風有一定程度反映在版畫上，並做些必要的改

變，即拋開水墨暈染等外表包裝，將繪畫還原為輪廓骨架。

因此，版畫在這種轉化情況之下，被賦以新的精神面貌，風

格迥異於繪畫，然探究其本質及處理手法，仍有畫風淵源可

循。

　　刊刻丁雲鵬版畫插圖的書籍，依付梓時間先後，排列次序爲〈泊如齋重修宣和博古圖錄〉（一五八八年）、〈方氏墨譜〉（一五八九年）、〈養正圖解〉（一五九四年）、〈程氏墨苑〉（一五九五年）、〈泊如齋重修考古圖〉（一五九九年）等。依〈方氏墨譜〉製作時間，始於萬曆十一年（一五八三年），由此推斷爲丁雲鵬參與版繪較早時期，時年三十五歲，及至五十歲前後，是丁雲鵬版稿創作最頻繁的階段，且與早期、中期繪畫風格有些關連。早期繪畫受文徵明吳派影響至深，蓋因其行徑多在吳門，吳派畫家多出自吳門（現江蘇），至沈周、文徵明出現，吳派風格始得確立，文徵明師承沈周，又追王蒙、倪雲林等畫風，青綠重色、披麻筆意爲文氏的特色，丁雲鵬山水本身含有同樣的風格，版畫繪稿方面亦可見某種繪畫的特質。故本節就丁雲鵬畫略以補述，再申論其轉化成版畫型式的過程與異同。

一、山水型式之轉化

「仙山樓閣」（圖版 37）

　　紙本　　　縱一八七公分

　　設色畫　　橫五二公分

　　自款：萬曆癸未冬十二月。南羽居士丁雲鵬。

　　鈐印：雲鵬。南羽居士。

　　整幅構圖繁密，自右側起一高巖，頂植雙松，曲折而有古意，設樓閣兩處，襯以雲海。遠山危嶺高嶂，勾勒直勁工細，輪廓突出分明。山石間以雜樹，運用各種夾葉畫法，頗

裝飾味，並依山石脈絡分層渲以青綠，色調變化而有立體感。此種特別強調山石立體表現以及青綠罩染兩大特點，乃沿襲吳門畫派作風（參考文徵明作品，圖版 38）所致。

　　將此「仙山樓閣」圖與〈方氏墨譜〉中山水版畫（圖版 28）做一比較，可見明顯共同的特徵，即構景繁複，山景向上延疊數層，石塊注重分面，皴法細碎，且少不了雙松為主景，樹幹交錯與倒掛枝為其風貌。此兩幅的基本型態、空間處理類似，唯山水版畫線條明朗化，並排除色調，相當於繪畫形體的骨架，作者的造型理念由此凸顯。

「松嶺函虛」（圖版 39）

　　　　紙本　　　縱二〇五‧七公分

　　　　淺設色　橫五六‧二公分

　　　　自題：小門入松柏，天路函虛空。

　　　　款：甲寅六月之吉，丁雲鵬寫。

　　　　鈐印：雲鵬之印。丁南羽。

　　空間處理緊密不透風，松巖中小徑行迴曲折，由前景穿過層層山巖松林而達到山之巔處，中景以片雲橫斷，山稜插坡作奇斜狀，氣勢峻層險要，又峰巒多巖石，顯得複雜瑣碎。此外，還於圖中點綴以樓閣人物，以及多處叢林。

　　依此幅畫風，〈程氏墨苑〉輿圖「北嶽恆山」（圖版 23）可與此對照，隨描繪對象的地理環境不同，兩者構圖與形式因而有異。但仍可發現主要共同的特徵，即山稜斜壁與峰巒上的巖石，是出於同一手法，局部面貌給予人相似之感，此為丁雲鵬山水類型之一。

「三生圖」（圖版 40）

紙本　　　縱一七五・二公分

水墨畫　　橫六五・八公分

款：三生圖。雲鵬。

鈐印：雲鵬之印。丁南羽。

三生石傳說內容云：唐代李源與僧圓觀友好，圓觀和李約定，待他自死後十二年在杭州天竺相見。十二年後李到寺前，有一牧童唱道「三生石上舊精魂，賞月吟風不要論；慚愧情人遠訪，此身雖異性長存」。

此三生圖描述後段情節，圖中李源扮高士相，杭以竹杖，仰頭與彼岸牧童相對話，旁陪有一侍童，人物衣紋做釘頭鼠尾狀，轉折處多稜角，線條遒勁剛健，河面波紋翩躚，岸石略似披麻皴，牛隻細毛密麻遍全身，背景老樹三株做分幹狀，夾葉繁密工整，整幅構圖、造型均極為生動。〈程氏墨苑〉緇黃篇亦收錄丁雲鵬插圖一件（圖版 41），同為三生圖的主題，然論基本構圖與筆法，則比繪畫遜色許多，人物牛隻造型描繪含濃厚木刻原味，流於僵硬生拙，可能此為早期作品，尚未達到成熟的地步，或為刀刻技法所侷限。

二、人物白描之相通

人物畫可分早期、晚期兩種，早期約值丁雲鵬時年三十至五十歲左右，晚期則值五、六十歲以後。早期人物純為山水點景之用，造型簡略形小，或以人物為主題，但不脫離樹石等繁複背景，此種將人物與襯景結為一體的安排，為早期繪畫、版畫之共同形式，使畫面達到飽合完整，線條則多為細筆白描，缺乏粗細變化與圓潤流暢。晚期人物畫漸脫離繁

複的背景，使之單純化，人物主題因而凸顯，無論臉部神態、衣紋輪廓等，皆隨質感不同而作濃淡之變化，已達到爐火純青、收放自如的地步。疑為丁雲鵬版畫圖稿作品有〈性命雙脩萬神圭旨〉（圖版 42）、〈觀音菩薩三十二相大悲心忏〉（圖版 43）插圖兩種，可與晚期人物畫作品「大士像」互相對照，指出線條造形之相通性。

「大士像」

　　紙本　每幅均縱三一・九公分

　　墨畫　　　　橫二八・三公分

　　款：戊午仲秋之吉，佛子丁雲鵬寫。

　　鈐印：丁雲鵬印。

　　人物臉部五官輪廓，做重點式細筆輕描，神態豐腴秀美，服飾可分粗、細筆兩種不同表現方式，衣冠圖案極為細膩，衣紋轉折處又極盡粗放有勁，粗筆繪衣帶飄逸之感，與人物細嫩膚觸成強烈的對照，背景一律留白，顯整幅簡潔有力。

　　〈性命雙脩萬神圭旨〉中「大小鼎爐圖」以及〈觀音菩薩三十二相大悲心忏〉插圖，亦做同樣的線描處理，旁景的石波與木紋下筆較重，襯托出人物的神態舉止，線條勾勒密中有疏，與「大士像」出於同一筆法，雖尚未確定為丁雲鵬版繪真蹟，然可做為參考，以彌補晚期版繪作品的空白，又丁雲鵬「變形主義」作風亦由此疑為真蹟之版繪見出，即具有造型誇張、不合身材比例的特徵。

　　綜合而言，繪畫表現形式上的皴法、描法，相當於版畫刀法的種類與組織，刀法的根據是以繪畫筆意為主，透露出

原畫的意象。是故雖分屬繪畫、版刻不同領域，但仍見出同
一表現意念。

附　註

① 明汪珂玉，珊瑚網論畫。轉引自中國畫論類篇〈上〉（台北市，華正
　 書局，民國七十三年十月），頁一四二。

② 明鄒德中，繪事指蒙，描法古今──十八等，計有十八種描法，引文
　 如下：一、高古游絲描；二、琴弦描；三、鐵線描；四、行雲流水
　 描；五、馬蝗描；六、釘頭鼠尾；七、混描；八、撅頭丁；九、曹衣
　 描；十、折蘆描；十一、橄欖描；十二、棗核描；十三、柳葉描；十
　 四、竹葉描；十五、戰筆水紋描；十六、減筆；十七、柴筆描；十
　 八、蚯蚓描。

③ 明周履靖，夷門廣牘（台北市，台灣商務印書館據明刊本影印本），
　 天形道貌，卷十一，畫人物論，頁五。

④ 同①。

⑤ 清方薰，山靜居論畫人物。轉引自中國畫論類篇（上），頁五四一。

⑥ 唐張彥遠，歷代名畫記，論裝背裱軸。轉引自美術叢刊〈二〉（台北
　 市，中華叢書編審委員會，民國五十三年三月），頁三十。

⑦ 清李佐賢，書畫鑑影（台北市，國立中央圖書館藝術賞鑑選珍續輯，
　 民國六十年），卷十四，頁十一。

⑧ 明董其昌，容台集。轉引自佩文齋書畫譜（台北市，新興書局，民國
　 五十八年），卷八十七，歷代名人畫跋七，頁五十三。

⑨ 清李玉棻，甌鉢羅室書畫過目考。轉引自美術叢書，第五集，第九
　 輯，頁四一。

⑩ 清吳榮光，辛丑銷夏記（葉氏重刊本），卷五，頁五十四。

⑪　清楊恩壽，眼福編初集（台北市，文史哲出版社，民國六十五年），卷十一，頁二十一。

⑫　清謝堃，書畫所見錄。轉引自美術叢書，第四集，第十輯，頁五十三。

⑬　清迮朗，湖中畫船錄。轉引自美術叢書，初集，第十輯，頁四四九。

⑭　清徐沁，明畫錄。轉引自美術叢書，第三集，第七輯，頁二十。

⑮　明朱存理，鐵網珊瑚。轉引自文淵閣四庫全書，藝術類，御定四庫全書。

⑯　明汪道昆，太函集，卷一百二十，送丁畫師南羽東遊雲間之廣陵四首，頁十六。

⑰　參考中國美術家人名辭典（台北市，文史哲出版社，民國七十六年），頁九四七。

⑱　同前註，頁八一六。

⑲　明汪道昆，太函集，卷二十五，萬玉山房卷引，頁二十。

⑳　同 17，頁一二八一。

㉑　同⑲，卷二十五，佛母圖小序，頁十八。

㉒　明顧炳，顧氏歷代名人畫譜（台北市，學海出版社，民國六十三年九月），頁二十一。

㉓　清蔣驥，傳眞秘要，自描。轉引自中國畫論類編（上），頁五一〇。

㉔　清鄭績，夢幻居畫學簡明，論肖品。轉引自中國畫論類編（上），頁五七六。

㉕　清顧炎武，日知錄，卷七，轉引自文淵閣四庫全書，子部一六四，雜家類，頁八五八一五三八。

㉖　小蝶，樹石譜。東方雜誌，第二十七卷，第一號。

㉗　明汪先岸編，休陽詩雋（明天啓四年休陽汪氏原刊本），前編四，詹

景鳳詩，頁十七，丁南羽畫山水歌。

㉘　王季銓、孔達合編，明清畫家印鑑（台北市，商務印書館，民國五十四年十二月），丁雲鵬，頁二。

㉙　晚明變形主義畫家作品展（台北市，國立故宮博物院，民國六十六年九月），頁五一五，款印。

第六章　結　論

　　明朝正值畫家參與版繪風氣剛萌芽之關鍵，丁雲鵬位居此時期，其版繪作品論質、論量，皆有可觀之處，堪稱為版繪大家亦不為過，但世人僅知其曾有版繪經驗與貢獻，而鮮少做有系統的探討研究。針對此項研究動機，本論文逐做各種的嘗試，企圖將丁雲鵬與徽派版畫之間的連繫條理化、明朗化，上列各章的闡述，雖不能盡其周詳，然已發掘一些值得省思的問題。

　　繪畫與版畫兩者不同範疇，就技法、風格而言，有其相互交流影響的現象，尤以明清之際最為明顯，方聞先生曾謂明末清初繪畫和版畫間之關係：「可說先是由繪畫轉為木刻版畫，而後則是由木刻版畫影響繪畫─這是個豐富而重要的課題」①。綜合丁雲鵬版繪作品，已可見出此種交流特質的端倪，其早期繪畫師承詹景鳳，人言詹氏「繪畫如文徵仲」②，丁雲鵬除了常居吳門、受到當地吳派之薰陶外，亦從師詹景鳳得文徵仲筆法，構成丁雲鵬文派繪畫的風格，並在版畫山水作品同樣強烈表現文派面貌，又人物繪畫，繼承李公麟「白描」特性，逐為版畫繪稿所運用，此是繪畫手法反映在版畫上的明確例子。至於版畫影響繪畫，一般是畫家臨摹畫譜之類，藉吸收古代名家畫稿進而成為本身風格。丁雲鵬則又似循另一途徑，即經由多年參與版繪的經驗，無形中促使本身畫風的轉變，傾向誇張、裝飾的特性；高居翰亦指出

丁雲鵬晚期畫風與版繪有關③。因此，前一章進行對丁雲鵬版畫作品與繪畫特色做一排比，發現在風格上有互為因果的脈絡可循，而非各自孤立存在，這種潛意識轉化、反映所造成的效果，往往使丁雲鵬晚期作品畫面更為簡煉，此為撰寫本論文過程中所獲得丁雲鵬風格的梗概心得。

　　丁雲鵬在畫史上以道釋畫稱譽，俞劍華謂明代道釋畫「其間足以左右一時，傑然特出者，允推戴進、吳偉、丁雲鵬三家」、「丁雲鵬能得吳道子、李公麟遺法，在戴吳之浙派以外，獨自成家，惟與唐宋諸大家較，則瞠乎後矣」④，此為對其地位的客觀評估。又胡賽蘭「明末畫家變形觀念的興起」一文以及「晚明變形主義畫家作品展」中，推丁雲鵬、吳彬、崔子忠、陳洪綬為晚明變形畫風的四大家，在「相對正統派的傳統方法與成規，尋求更獨立而直接的表達法」⑤之觀念下，因而有突破造型常規之變形作品產生，其中以丁雲鵬年代為早，故丁雲鵬畫名經由此研究，得以廣為後人所重視。然在版畫製作的成就，卻是被忽略的一環。且在丁雲鵬之後，參與版製之畫家人數眾多，且亦享盛名於畫壇，尤其是陳洪綬，自有一套完備的理論體系，但前輩版繪家丁雲鵬其敬業專精的態度，為一些畫家所不能及，又丁雲鵬的版繪表現其純熟的技法以及創作的多樣性，題材涵蓋範圍極廣，幾近無所不能之地步，本論述又藉由對丁雲鵬版繪做一專論，賦予早期版畫工作者的地位與評價。另外，尚透露兩項訊息：

　　一、在傳統士大夫壟斷的繪畫領域之外，一些明代畫家不再避諱商業利益與報酬，甚而以此為專業，因而使藝術普

遍化、平民化，預示其後市民畫家之崛起。

　　二、版畫雖屬書籍插圖的性質範圍，其藝術價值因畫家的參與而相對提高，至後來乃脫離應用範疇，成爲獨立的一門藝術。

　　綜之，丁雲鵬版繪具前瞻性，其成就自不待言矣！

附　註

①　方聞，朱耷之生平與藝術歷程，藝術家第二十六卷第二期，頁一一六。

②　黃賓虹，黃山畫苑略，〈詹景鳳〉。收錄於孫旗編，黃賓虹的繪畫思想（台北市，天華出版社，民國六十八年八月），頁二八〇。

③　James Cahill(1982), The Distant mountains, pp.220-211. New York.

④　兪劍華，中國繪畫史（台北市，台灣商務印書館，民國七十三年十一月），下冊，頁九十六。

⑤　胡賽蘭，明末畫家變形觀念的興起。雄獅美術，第八十期，頁六十四。

參考書目

叢書

1. 美術叢書，台北市，藝文印書館，民國六十四年十一月。簡稱美叢。
2. 畫史叢書，台北市，文史哲出版社，民國七十二年二月二版。簡稱畫叢。
3. 文淵閣四庫全書影印本，台北市，商務印書館，民國七十年。稱四庫。
4. 中國畫論類編，台北市，華正書局，民國七十三年三月。簡稱畫論。
5. 美術叢刊，台北市，台灣書局，民國四十五年二月。簡稱美刊。

專書

1. 唐張彥遠，歷代名畫記。美刊㈡。
2. 宋劉道醇，聖朝名畫評。畫論（下）。
3. 宋郭若虛，圖畫見聞志。畫叢，卷一。
4. 宋晁說之，墨經。藝叢，第一集，第三十一冊。
5. 宋韓拙，山水純集。畫論（下）。
6. 宋鄧椿，畫繼雜說。畫論（上）。

7.　宋米芾，研史。美叢，四集第三輯。

8.　明王圻，三才圖會影印本。台北市，成文出版社，民國五十九年。

9.　明陸深，全臺紀聞。紀錄彙編，卷一百三十二。

10.　明詹景鳳，東圖玄覽編。美叢，五集第一輯。

11.　明何良俊,，四友齋畫論。美叢，三集第三輯。

12.　明董其昌，容台集，明崇禎庚午華亭董氏家刊本。

13.　明董其昌，筠軒清悶錄下。學海類編，藝能。

14.　明汪道昆，太函集。明萬曆刊本。

15.　明汪道貫，墨書。方氏墨譜。

16.　明胡應麟，少室山房筆叢。明萬曆間刊本。

17.　明馮夢楨，快雪堂集，。明萬曆間金陵刊本。

18.　明李維楨，大泌山房集。萬曆刊本。

19.　明高濂，燕閒清賞箋。美叢，，三集第十輯。

20.　明麻三衡，墨志。涉間梓舊。

21.　明沈繼孫，墨法集要。四庫。

22.　明于仕廉，墨行。程氏墨苑儒藏。

23.　明周履靖，夷門廣牘影印本。台北市，台灣商務印書館。

24.　明趙世顯，程君方墨評。芝園文稿，明萬曆三十四年，中趙氏原刊本。

25.　明宋牧仲，漫堂墨品。美叢，初集第五輯。

26.　明張仁熙，雪堂墨品。美叢，初集第五輯。

27.　明謝肇淛，五雜組。明萬曆間刊本。

28.　明汪砢玉，珊瑚網論畫。畫論（上）。

29. 明顧祖訓，增狀元圖考。明末刊清代增補本。

30. 明汪先岸編，休陽詩丁雋。明天啓四年休陽汪氏刊本。

31. 清顧炎武，日知錄。四庫，子部雜家類。

32. 清徐沁，明畫錄。美叢，三隻第七輯。

33. 清方薰，山靜居論畫人物。畫論（上）。

34. 清迮朗，湖中畫船錄。美叢，初集第十輯。

35. 清張佩芳修，劉大櫆纂，歙縣志。台北市，成文出版社，據清乾隆三十六年刊影印。

36. 清張廷玉等奉敕撰，明史。台北市：藝文印書館，據清乾隆年間武英殿刊本影印。

37. 清馬步蟾修，夏鑾纂，徽州府志。台北市，成文出版社，據清道光七年刊本影印。

38. 清沈德符，野獲編。扶荔山房刊本。

39. 清范璣，過雲盧畫論。畫論（下）。

40. 清沈宗騫，芥舟學畫編。畫論（上）。

41. 清李佐賢，書畫鑑影。台北市，國家圖書館藝術賞鑑選珍續輯，民國六十年。

42. 清李玉棻，甌鉢羅室書畫過目考。美叢，五集第九輯。

43. 清吳榮光，辛丑銷夏記。葉氏重刊本。

44. 清謝堃，書畫所見錄。美叢，四集第十輯。

45. 清楊恩壽，眼福編初集。台北市，文史哲出版社，民國六十五年。

46. 清蔣驥，傳眞秘要。畫論（上）。

47. 清鄭績，夢幻居畫學簡明。畫論（上）。

48. 鄧之城，骨董瑣記。明齋叢書。

49. 傅抱石，中國的人物畫和山水畫。台北市，華正書局，民國
　　七十六年四月。

50. 鄭振鐸，劫中得書記。台北市，木鐸出版社，民國七十一年
　　五月。

51. 周樹人，魯迅全集。北京，人民文學出版社，一九六一年。

52. 晚明變形主義畫家作品展。台北市，國立故宮博物院，民國
　　六十六年九月。

53. 孫旗編，黃賓虹的繪畫思想。台北市，天華出版社，民國六
　　十八年八月。

54. 中國美術家人名辭典。台北市，文史哲出版社，民國七十年
　　七月。

55. 周蕪，徽派版畫史論集。合肥，安徽人民出版社，一九八四
　　年。

56. 林秀芳、溫肇桐編撰，吳門畫派。台北市，藝術圖書公司，
　　民國七十四年十一月。

57. 黃賓虹等著，中國書畫論集。台北市，華正書局，民國七十
　　五年四月。

58. 郭繼生，籠天地於形內。台北市，時報文化出版社，民國七
　　十五年五月。

59. 中國繪畫美學史稿。台北市，木鐸出版社，民國七十五年六
　　月。

60. 王伯敏，中國版畫史。台北市，蘭亭書店，民國七十五年九
　　月。

61. 童書業，中國手工業商業發展史。台北市，木鐸出版社，民國七十五年九月。

62. 黃苗子，古美術論集。台北市，元山書局，民國七十六年二月。

63. 鈴木敬著，魏美月譯，中國繪畫史（上）。台北市，國立故宮博物院，民國七十六年四月。

64. 大村西崖著，陳彬龢譯，中國美術史。台北市，台灣商務印書館，民國七十六年十一月。

65. 王世德主編，美學辭典。台北市，木鐸出版社，民國七十六年十二月。

66. 陳英德，海外看大陸藝術。台北市，藝術圖書公司，一九八七年十一月。

67. 中國美術辭典。台北市，雄獅圖書有限公司。

68. 穆孝天等著，中國文房四寶史。香港，南通圖書公司。

論文，期刊

1. 潘美月，談版式。故宮月刊，第一卷，第八期。民國七十二年十一月。

2. 吳哲夫，中國版畫。故宮月刊，第一卷，第六、七、八期。民國七十二年九、十、十一月。

3. 史梅岑，明代版本雕藝的文化價值，藝術學報第四十三期。

4. 潘元石，中國版畫藝術的發展途徑。收於美術論集，台北市，華岡出版社，民國六十八年一月。

5. 潘元石，中國版畫史。雄獅美術，總四十八～六十六期。民

國六十四年二月～六十五年八月。

6. 王秀雄，中國套色版畫發展史之研究。師大學報，第三十期。

7. 蔡鴻茹，明代制墨名家程君房及其〈墨苑〉。文物，一九八五年第三期。

8. 周蕪，談徽派版畫。美術研究，一九八一年第三期。

9. 王琦，中國古代版畫中的人物形象。美術研究，一九五八年第二期。

10. 張國標，新安畫派與徽商之雅俗析。朵雲，一九八八年七月。

11. 胡賽蘭，明末畫家變形觀念的興起。雄獅美術，第八十、八十一期。民國六十六年十月、十一月。

作品圖錄（刊本）

1. 宋王黼等撰，泊如齋重修宣和博古圖錄。明萬曆戌子泊如齋刊本。

2. 宋宮大臨撰，泊如齋重修考古圖。黃德時等刊本。

3. 明焦竑撰，養正圖解。明萬曆二十二年吳懷讓刊本。

4. 明方于魯輯，方氏墨譜。明萬曆間刊本。

5. 明程大約輯，程氏墨苑。明萬曆間滋蘭堂原刊本。

6. 明黃鳳池輯，唐詩畫譜。明萬曆至天啓間清繪齋、集雅齋合刊本。

7. 周蕪，中國古代版畫百圖。台北市，蘭亭書店，民國七十五年九月。

8.　明顧炳，顧氏歷代名中畫譜影印本。台北市，學海出版社，民國六十三年九月。

9.　王季銓、孔達合編，明清畫家印鑑。台北市，商務印書館，民國五十四年十二月。

10.　鄭振鐸編，中國版刻圖錄。北京，文物出版社，一九六一年。

11.　鄭振鐸編，中國古代木刻畫選集。天津人民美術出版社，一九五六年一月。

12.　鄭振鐸編，中國版畫史圖錄。上海，中國版畫史社，民國二十九年。

13.　周蕪編，中國古本戲曲插圖選。天津，人民美術出版社，一九八五年。

14.　故宮書畫簡輯——文徵明。台北市，國立故宮博物院，民國六十九年。

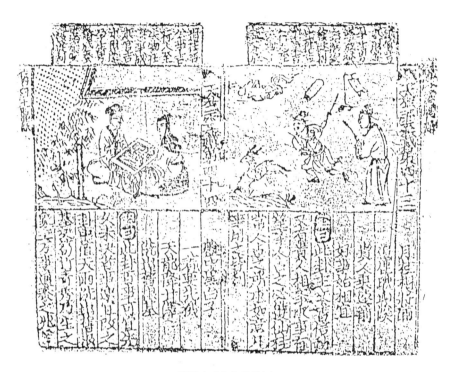

圖版 1〈天竺靈籤〉

圖版 2〈考古圖〉（明洪武間刊本）

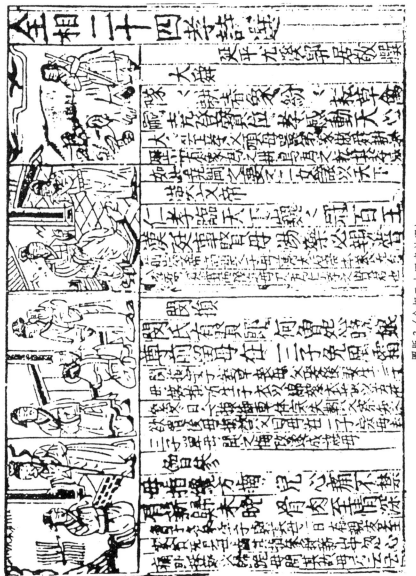

圖版 3〈全相二十四孝詩選〉

圖版 4〈佛説摩利支天經引首〉

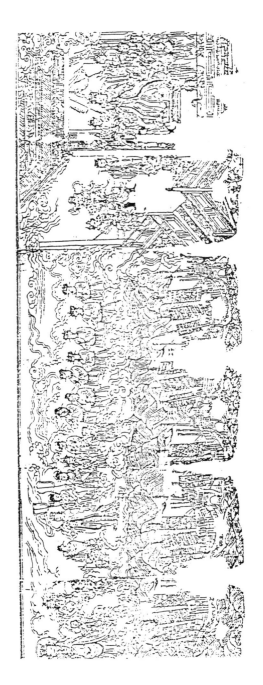

圖版 5〈天妃經〉

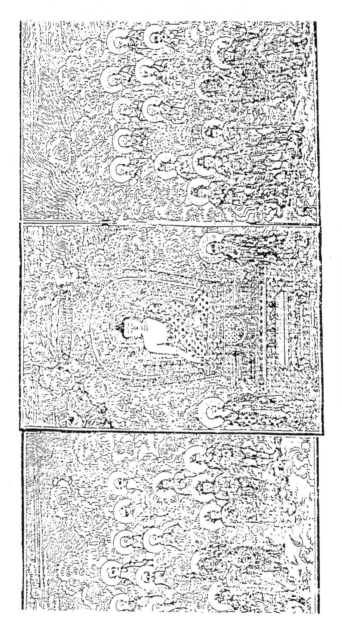

圖版 7〈飲膳正要〉

圖版 8〈纂圖增新群書類要事林廣記〉

圖版 9〈古文大全〉

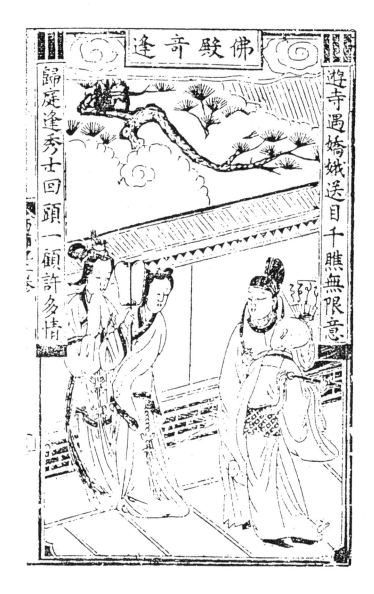

圖版 10〈重刻元本題評音釋西廂記〉

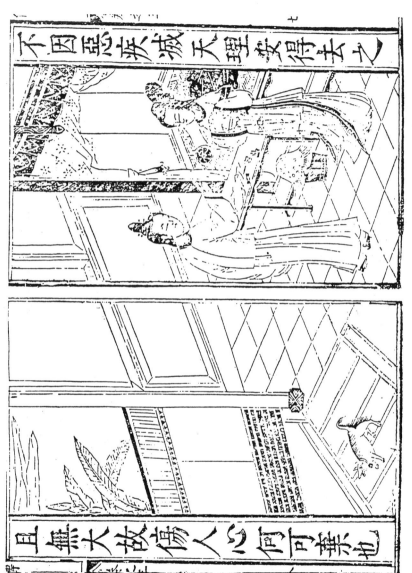

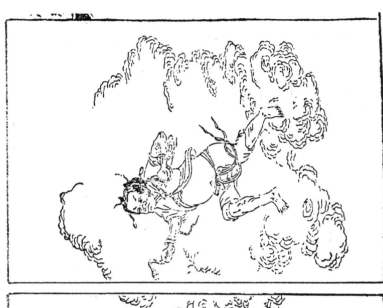

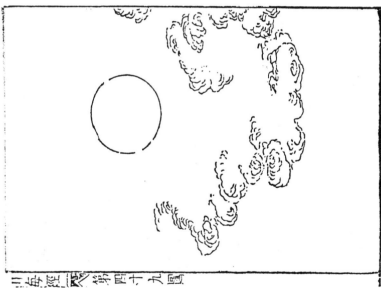

圖版 12〈山海經釋文〉

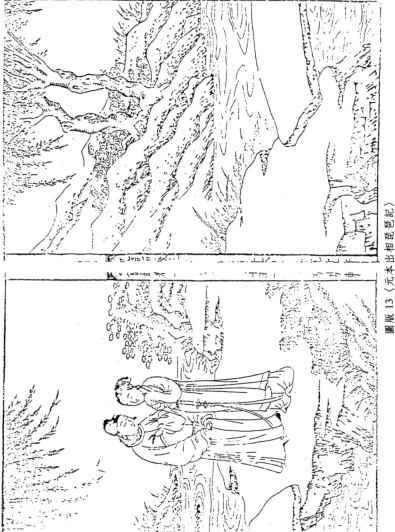

圖版 13〈元本出相琵琶記〉

圖版 14〈吳江志〉

圖版 15〈石湖志〉

圖版 16〈補袞〉

圖版 17〈噀水墨〉

圖版 18〈列子御風〉

圖版 19〈振貸養民〉

圖版 20〈煮藥燃鬚〉

圖版 21〈西岳華山〉

圖版 22〈南嶽衡山〉

圖版 23〈北岳恒山〉

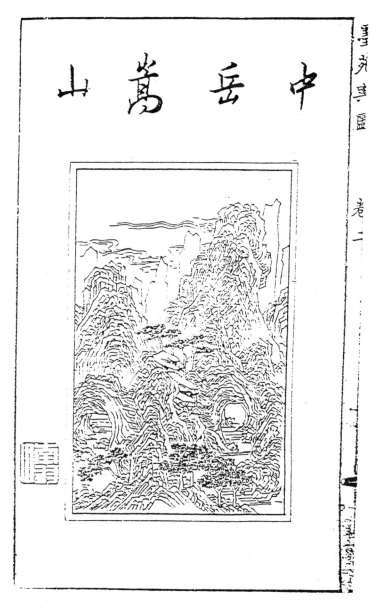

圖版 24〈中岳嵩山〉

圖版 25〈巨川舟楫〉

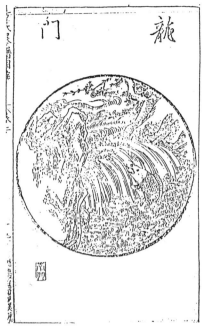

圖版 26〈龍門〉

圖版 27〈文犀照水〉

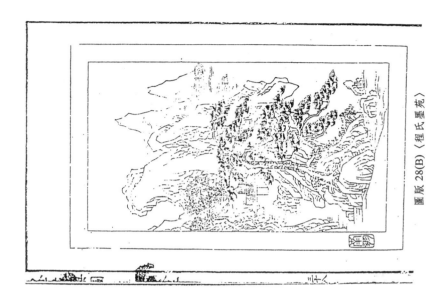

圖版 28(B) 〈程氏墨苑〉

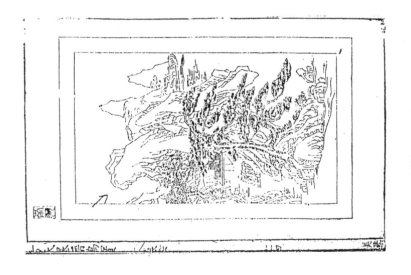

圖版 28(A) 〈方氏墨譜〉

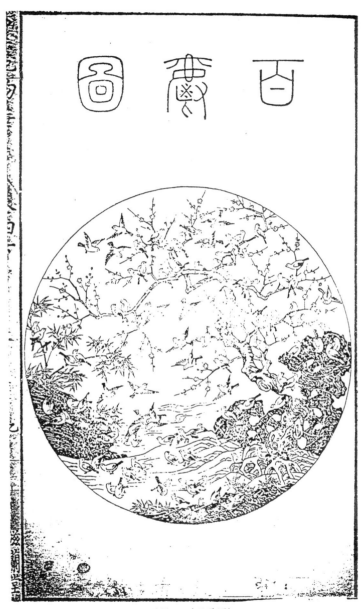

圖版 29〈百爵圖〉

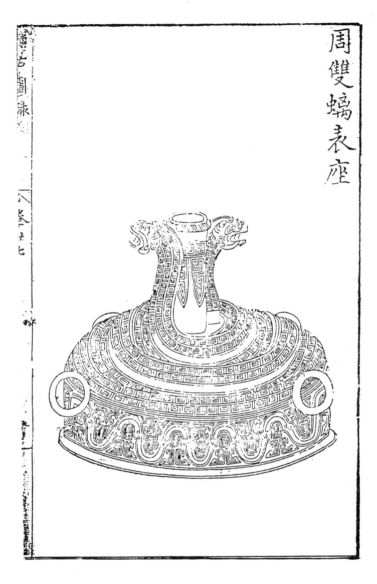

圖版 30〈泊如齋重修宣和博古圖錄〉

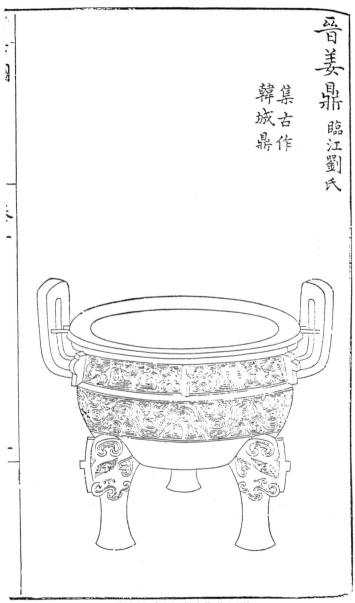

晉姜鼎　臨江劉氏

韓城鼎　集古作

圖版 31〈泊如齋重修考古圖〉

圖版 32〈考古圖〉（泊如齋刊本）

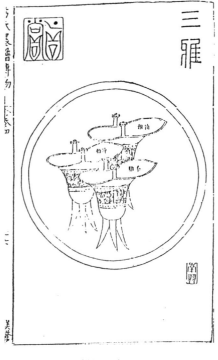

圖版 33〈三雅〉

圖版 34〈異魚吐墨〉

圖版 35〈寢門視膳〉

圖版 36〈顧氏畫譜〉

圖版 37〈仙山樓閣〉

圖版 38〈文徵明仿古山水〉

圖版 39〈松嶺函虛〉

圖版 40

〈三生圖〉

圖版 41〈三生圖〉（程氏墨苑）

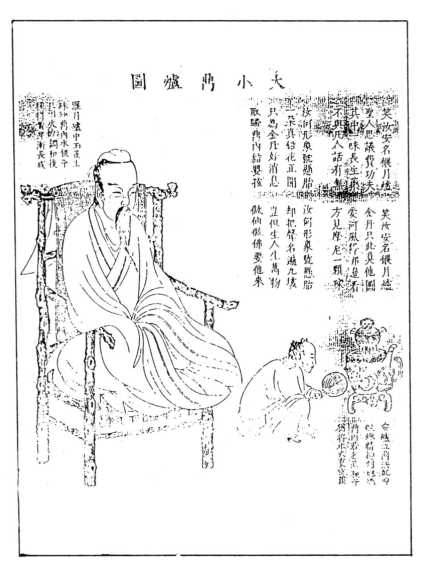

圖版 42〈性命雙脩萬神圭旨〉「大小鼎爐圖」

為佛樂侮　以刀截風於風何
　　　　　傷外道壞法祇以
　　　　　自殘嗟大獅王威
　　　　　而不恐示大勇猛

圖版 43〈觀音菩薩三十二相大悲心忏〉